天下文化
BELIEVE IN READING

重新想像教育的未來

世界的教育部長肯・羅賓森最後演講
對教育、環保、文化的深刻洞見

Imagine If ...

Creating a Future for Us All

肯・羅賓森 Sir Ken Robinson, PhD
凱特・羅賓森 Kate Robinson ——著
廖建容————譯

獻給爸爸，我的英雄。以及他啓發的每一個人。

——凱特．羅賓森

Contents 目錄

各界讚譽

前言

各界讚譽

洪蘭、李儀婷、溫美玉、劉安婷、
藍偉瑩、黃國珍、張輝誠、朱家明

讓孩子長成美麗的花朵

洪蘭
（中原大學、台北醫學大學、中央大學講座教授）

這本書是羅賓森爵士來不及完成的遺作，他在二〇二〇年過世後，由他的女兒把他一生的理念寫成本書，嘉惠後人。

羅賓森爵士因病逝世，引起全世界父母的惋惜哀悼，很多人被他在《讓天賦自由》（*The Element*）書中那句「一個整天在花園裡面拔草的園丁，種不出美麗的花朵」當頭棒喝而醒悟。如果孩子出社會是用長處跟別人競爭，我們爲什麼要一直花力氣改他的短處呢？

羅賓森爵士一針見血的指出目前教育的沉痾。的確，我們的教育一直是在挑毛病，改正孩子的錯誤，懲罰他們不夠好的表現，這種違反大腦學習機制的方式，不知道使多少開竅晚的孩子，因受不了課堂的羞辱與挫折而放棄學習。

正向心理學之父馬汀．塞利格曼（Martin Seligman）在自傳中提到，他之所以從傳統心理學的憂鬱、變態等精神疾病研究轉向正向心理學的研究，是因爲有一天，他責罵五歲的女兒沒有好好拔院子裡的野草，女兒說：「爸爸，你有沒有想過，你每天罵我、糾正我的缺點，我長大後，了不起是一個沒有過失的女孩，但我也會變成一個沒有長處的女孩，因爲你從來沒有看到我的長處在哪裡。」這句話讓塞利格曼非常震驚，他沒想到五歲的孩子會講出這樣的話來。

當我們一直在改正孩子的缺點時，他哪有時間去發展自己的長處？而一個「沒有任何優點」的孩子，長大後又如何在社會上跟別人競爭呢？塞利格曼反思後，改變了心理學的走向。

羅賓森爵士說的對，每個孩子都有他天賦的能力，是我們大人的觀念不對，用現實的觀點去框限他，導致那些不符合框架的孩子產生自卑，對自己沒有自信，最後變成「習得的無助」受害者。很多書讀不好的孩子如果能早一點讓他去發展長處，日後可能就是那個領域的奇葩。

羅賓森爵士不反對考試，但不贊成目前這種競爭方式的考試，因爲很多重要的能力是考不出來的。嚴長壽先生也說，教育應該是探照燈，替孩子照亮前途，而不是照後鏡，看孩子做錯了什麼。其實考試不是不好，是做法要對。法國神經科學家狄漢（Stanislas Dehaene）在《大腦如何精準學習》（*How We Learn*）一書中指出：**注意力**、**主動參與**、**錯誤回饋**與**固化**是四個有效的學習方法。唸完一章，把書合上，拿張紙，把剛剛讀的內容大綱寫下來，如果寫不出來表示沒有讀進去，打開書再讀一遍。許多實驗都證明了，「自我測試」是最有效的學習方法。

本來考試就是測驗學生學到了什麼，只是我們不耐煩等待孩子慢慢吸收消化，便用鞭策的方式，甚至強辯「打了就會，不打不成才」，使學生對考試充滿恐懼，考不好非但在學校被老師責罵，回家還要再被家長責罵，考試變成終身夢魘。有一次外子晚上做噩夢，夢到走進教室，突然發現老師在發考卷，他嚇死了，因爲沒有準備。那時他已經離最後一次考試（博士口試）三十五年。想想看，有必要爲了分數這樣折磨孩子嗎？

羅賓森爵士花一生的時間在全世界各地演講，就是希望改變現行的教育制度，使孩子能安心學習，免除僵化的填鴨和考試的恐懼。他最擔心的是這種教育制度會扼殺孩子的創造力。

在二十一世紀，人和機器人最大的差別是人有創新的能力，而機器人沒有，人能創造出機器人，機器人卻不能創造出人來。羅賓森爵士一再強調想像力的重要性，他說，想像是人類無限可能的起始點，想像力是創造力的根本，而創造力是想像力的實踐。難怪這本書定名爲《重新想像教育的未來》（*Imagine If...: Creating a Future for Us All*）。在深圳機場有一個很大的看板，上面寫著：「只要人能想像出來的東西，未來一定有人能把它實現出來。」這句話是《地心歷險記》（*Voyage au centre de la Terre*）、《海底兩萬里》（*Vingt Mille Lieues sous les mers*）的作者儒勒．凡爾納（Jules Gabriel Verne）說的。

在羅賓森爵士的倡導與呼籲下，聯合國教科文組織（UNESCO）和經濟合作暨發展組織（OECD）都向各國宣揚素養（competency）的重要性：強調現在的教育一定要結合知識技能、態度和價值，才能養成競爭力。麻省理工學院的兩位學者山加．沙馬（Sanjay Sarma）和路克．約辛托（Luke Yoquinto）合寫了一本《改變我們如何學習的科學Grasp》（*Grasp*），他們基於羅賓森爵士的理念，改變了老師講課、學生聽課的傳統教學方式，改爲老師講百分之二十，剩下的百分之八十由學生動手實做，效果出奇的好。

素養的核心在文化，羅賓森爵士相當強調文化的重要性，不同文化帶給人不同的思考彈性，而思考彈性正是創造力的來源。文化改變人的態度和觀念，現在的企業開始講究經營的文化，所謂「三流的企業賣產品，二流的企業賣品牌，一流的企業賣文化」，一個公司若能把創立的宗旨、經營的目標，深入到員工的心中時，這個企業就會長久。

從本書看到，羅賓森爵士的影響在各個領域都很深遠，難怪被譽爲「世界的教育部長」，他的理念影響的不是一個國家的孩子，而是全世界的孩子；他改變的也不是一個國家的教育，而是全世界的教育。他的過世眞是人類的一大損失。

今天再讀羅賓森爵士書中的理念時，不禁想到，我們該如何去創造一個理想的未來，才不辜負他一生辛苦的奔走倡議呢？

讓教育野化，讓孩子發展天賦

李儀婷（薩提爾教養暢銷作家）

肯·羅賓森看待教育，就像溫柔且胸襟寬廣的母親，懂得用豐富的目光來看待孩子的成長，因爲他知道，每一個孩子都有自己的獨特性。

然而，即便母親的目光再寬廣，現今的教育制度卻跟不上孩子的發展，再怎麼寬廣的母親，都不免擔憂孩子未來的發展。

現今的教育，以工業革命時期所需要的能力在培養孩子，卻不知不覺限縮了孩子的天賦，讓孩子只能朝單一智力發展，如此窄化的教育方向，讓孩子的創造力被忽視，犧牲了未來的可能性。

肯・羅賓森的擔憂不是沒有道理。審視國內的教育環境，當教改不斷鼓勵孩子「閱讀」，卻因爲擔心孩子沉迷於「不正統」的閱讀文本，因此急著制止孩子手上正沉浸其中的類型小說，這正是抹煞孩子發展自然閱讀的阻礙原因之一。當現今教育改革走上「圖像思考」的道路，身爲父母的我們，卻呵叱孩子不准接近充滿大量圖畫的漫畫書，於是我們的孩子喪失了可能引發閱讀樂趣的起點，一步一步走上了討厭閱讀的老路。

究竟該怎麼教育我們的孩子？

肯・羅賓森在《重新想像教育的未來》提及一個非常重要、也極爲適合每個孩子的理念，那就是：**野化教育**。

所謂野化，就是讓孩子回歸自然的學習本心，讓孩子按照自己的喜好，不局限單一科目重點式學習，而是跨越重點科目，讓所有類型的學習都成爲孩子能發展興趣的學習方向。

這個野化教育的方向，我十分認同，不僅認同，也非常有體會。

我在孩子還小時，讓孩子自由選擇喜好，她一下子參加許多才藝課，其中不乏鋼琴、畫畫、跳舞、溜冰，可謂多才多藝、多方學習。

在這麼多才藝課中，最需要反覆練習的，也就是功課最多的，只有一項鋼琴課。

爲了鋼琴的功課，我和孩子日夜衝突，不停的要求孩子達到老師的練習要求，孩子面臨高壓的學習，不停的抗爭哭鬧，爲此母女倆都處在長期不快樂的學習中，最後，孩子彈奏鋼琴的時間熬不過四年，在親子都疲累的狀態下畫上休止符。

孩子在高壓的環境下，不知不覺喪失了喜愛鋼琴的理由，當喜好不在，再怎麼樣有意思的興趣，都將淪爲被動的學習模式，扼殺孩子的天分。

這不就是現在教育困境的最佳寫照？在高壓的環境下，逼迫孩子學習早已經沒有興趣的科目。

然而，什麼是野化教育？

當我的孩子停止學琴後，原本看似最「雞肋」的畫畫課，卻持續進行著。畫畫課沒有回家作業，也沒有強迫記憶的名詞，就只是在課堂上沉浸在顏色遊戲中。就這樣，孩子從三歲開始投入畫畫的世界，有一搭沒一搭的跟著老師玩畫畫，原本以爲孩子長大後，會覺得無趣而自己提議要停止學習，沒想到這一天不但沒有到來，還延後了九個年頭。直到最近，也許因爲長期在無壓力的環境下玩畫畫，又受到許多師長以及父母的欣賞，慢慢的，孩子開始在畫作上展現出喜好，發展出對畫畫的狂熱，不停的上網找尋「如何畫好素描」的資訊和影片，逐漸走出「自學畫畫」之路。

這就是野化教育的養成，讓我深深有感。

肯．羅賓森對教育具有遠見，他的教育觀走在世界的前端，引領著教育做出改變，讓所有關心教育的專家以及推動教育改革的機構，都奉其信念爲依歸，因此被譽爲「世界的教育部長」。在這本《重新想像教育的未來》書中，完整的將肯．羅賓森爲教育奉獻五十年，對教育的信念與精華做最完整的闡述，如果未來的教育，都能持續的走在肯．羅賓森的藍圖裡，那麼這一代以及下一代甚至下下一代的孩子，都能發展自己的天賦，「讓天賦自由」，翱翔於自己才華洋溢的天空中。

如果孩子有「天賦自由」的一天，那麼身為父母的我們，以及學校的教育者，又該為孩子做些什麼呢？

我喜歡肯．羅賓森在 **TED Talks** 一場著名的演講「學校扼殺了創意嗎？」（Do Schools Kill Creativity?）提及的一句話，為困惑的大人指引陪伴孩子成長的方向——

畢卡索說：「所有的孩子都是天生藝術家。」

肯．羅賓森則說：「關鍵在於，長大後如何保持？」

是的，我們只要陪著孩子，讓天生藝術家的星星之火不要斷燃，不要給予限制，大膽的放開我們的控制，讓教育野化，讓孩子自由發展，這是身為大人的我們，所能做到最好的教育示範了，如此簡單！

你也能成爲世界的變革者

溫美玉（溫老師備課 Party 創始人）

女星大 S 已經四十幾歲，她爲自己選擇再婚的對象，承受家人莫大壓力，成了新聞頭條。早已成年甚至見聞可能多於其父母親者，卻還無法決定自己未來的案例屢見不鮮。看似開放的年代，充滿不信任與恐懼的教養文化，仍是現在教育的隱憂。

有趣的是，我生在物質環境匱乏的農村，所有家庭皆爲三餐發愁，根本無暇顧及孩子的學習或生涯抉擇。看似不完整的教育系統，讀了這本書，我發現自己竟幸運的擁有「野化」教育，難怪一生選擇從未受到干擾。

二〇二二年四月我的新書《成爲溫美玉》出版，很多朋友讀畢提問：「教學挫折連連，是什麼樣的信念支持著你呢？」我總是請他們去看書中的一篇，提到我國中畢業考上高雄女中，我的父親在校門口拜託我註冊入學，而我堅持重考讀師專。從小我就擁有強烈的表達慾望，極愛傳達當下所思所想，當我明白小學老師工作最適合我，即使眼下得熬過「國四」補習班的痛苦試煉，因爲是自己選的、愛的，我從未想過退縮。加上天賦所在，加成效果之下，超過三十年的教學職場，爲我個人創造了無數奇蹟。

如同本書提及：「當土壤對了，農牧系統就會順利發展，當文化對了，人類也會順利成長。一個教育之所以成功，不是因爲有考試和成果導向，而是因爲個體受到肯定，天賦的多元性受到重視。」

就在我出書的同一個月，大女兒從全世界最大的電商平台亞馬遜（Amazon）辭職。這是她在大四時過五關斬六將，好不容易取得實習機會，爾後獲得留任的工作。期間，她從美國西雅圖總部到日本東京，一路在財務單位任職七年，當她攢夠了學費，確認這幾年經濟上足夠穩定後，二十八歲時決定人生大轉彎，積極努力的考上日本早稻田大學建築系，當起知名作家村上春樹的學妹。大學主修經濟、新聞的她，現在背起書包跟著十八歲大學生坐在教室，勤奮辛苦卻心滿意足的修習建築相關課程，過起另類的大學生活。

入學一個月後，我送上《重新想像教育的未來》這本書中我最愛的一句話當做祝福：「當你看到某人墓碑上的生卒年月日，最重要的部分是中間那條橫線：這個人在出生和死亡之間，做了哪些事？」

也許你會疑惑：爲什麼我和女兒始終知道自己要什麼？還懂得不斷更新迭代自我，並用最強大的願力服務人群，成爲自己和社會的變革者。過去我不懂如何回答，直到讀了這本書，作者說：「成爲變革者需要勇氣和想像力，而這兩者我們天生就擁有，而且是源源不絕。」我終於找到答案。

被世人敬稱爲「世界的教育部長」的肯·羅賓森，曾在《讓孩子飛》（*You,*

Your Child, and School）書中提到，教育有幾個不同的目的。首先是經濟發展，孩子透過教育維持生計、財務獨立，並獲得職場的成功。其次是文化發展，教育能幫助孩子了解文化價值、傳統、歷史、社區及世界文化。第三是社會發展，幫助孩子融入並參與社會。最後最重要的是個人發展，孩子擁有不同才能、興趣和機會，要幫助他們發展出自己獨特的樣貌。

很多人擔心自己是不是一個成功的父母，瞧，作者提出的這四個教育目的，揭示了爲人父母、教師其實大可不必緊張，只要循著這樣的路線，你也能在教學及教養上創造奇蹟，並且跟我們家一樣，每個成員都充滿熱情的尋找有意義的人生。

我怎麼閱讀這本書？

很遺憾妙語如珠又幽默智慧的羅賓森爵士已經離世，相較於過去我在閱讀《讓天賦自由》、《發現天賦之旅》（*Finding Your Element*）、《讓天賦發光》（*Creative Schools*）、《讓孩子飛》，這本《重新想像教育的未來》我讀得很慢，慢到每一字一句都當成「信念」、「金句」，並且馬上連結所有的個人經驗，一一比對、驗證，每每兩相擊中，我都暗暗叫好，感覺自己眞的做對了，心頭也湧上無比榮光。

例如，第四章〈教育的盼望〉中，提到現代教育應該納入四個目的：「個人、文化、經濟、社會」，以及八個核心能力：「好奇心、創造力、評判力、溝通力、合作力、同情心、內心的平靜、公民權」。我開始翻找過往的教學案例，中年級的「大台南走透透」、「訪問里長」，以及高年級「台南古蹟探訪」等等課程，那些費了許多心思的設計，也是孩子們畢業後最懷念，家長也認爲非常受用的。

另外，慢慢品讀更是對羅賓森爵士的推崇與禮讚。除了過去如雷貫耳的教育信念，這本書更宏大的揭示了人類最終極的美好世界。透過編輯的用心整理重新排序，雖然章節與內容不多，然而，卻看見他如先知般給了醍醐灌頂的指引，例如：人類資源的危機、拯救地球就是拯救我們自己的性命、如何讓每個個體都能成爲變革者等，刻不容緩的語重心長，我豈捨得匆匆瞥過？

作為羅賓森爵士忠實的追隨者，我不僅過去在教養及教育現場實踐他的信念，現在也願意盡己所能影響更多身旁的人，正如書中引用美國作家勒瑰恩（Ursula K. Le Guin）的話：「人類的所有權勢都能被人類抵抗和改變。」即使個人之力無法馬上改善人類複雜的困境，也不必心灰意冷。

改變已是迫在眉睫，那麼，最快的方式就是，誠摯邀請你一起閱讀羅賓森爵士的最後一本好書《重新想像教育的未來》，當我率先做了這件事，我相信共好的奇蹟就會發生，我們就能一起推廣尊重個體的教育思維，改寫世界的格局與樣貌。

一位偉大教育家的精華、生命與盼望

劉安婷（為台灣而教創辦人暨董事長）

肯．羅賓森是當代最有影響力的教育家之一：他在 TED Talks 的演說，在他過世時，是全世界最多人看過的 TED 演講。

但若只用「偉人」的角度來「瞻仰」《重新想像教育的未來》這本著作，我想會大大低估了它所隱含的智慧與意義。

若只能用三個關鍵詞來總結這本書的特別之處，我會選：**精華**、**生命**、**盼望**。

首先是**精華**。「精華」乍看是個常見詞彙，讀者通常不會駐足太久。不過恰好前陣子的一個小經驗讓我重新反思它的意涵。我在經過百貨公司的化妝品專櫃時，被一名熱情的行銷人員攔住，巨細靡遺的介紹她手中的「精華液」。她告訴我，所謂「精華」當然是去蕪存菁，將「不必要」的物質去除，留下有用的，且濃縮少量保存。「少即是多」聽起來很合理，卻需要困難的選擇與極高的專注與技術。並且，在使用精華液時，需要先確保充分卸妝、清淨，才能讓肌膚預備在良好的吸收狀態，否則「精華」反而會造成負擔。

同樣的，這本書開宗明義便是簡潔、濃縮作者一輩子工作的「精華」，但若我們只把它當成是「段落大意」或「理論總綱」，它頂多只幫我們「複習」一些「老生常談」，包含：人類生而多元、好奇心是學習最重要的引擎、人天生有創造力。然而這份「精華」之所以珍貴與稀有，是因爲作者用一輩子的行動，挑戰許多教育系統內「不必要」卻深刻植入的預設與慣性。這些「道理」不只是知識，而是一個個困難選擇後淬鍊出的高濃度智慧。他或許沒有「發明」這些想法，卻提醒我們「不要遺忘」本身是多艱難的任務。

而做爲讀者，若是我們沒有預備好，願意充分「清淨」乃至「卸下」我們的某些習慣與內在信念——例如，我們可否眞的接受脫離「工廠模式」——個別化、多元，而非追求形式「公平」與「統一」的教育體系？我們的文化價值中，如何脫離對於「評量」與標準化測驗過度的依賴？——那麼這些「純粹」或許反而像是說教般的負擔，而無法眞切對我們的實踐產生益處。

其次，是**生命**。這本書所凝鍊的內涵，固然是作者畢生之「工作成果」，但啓發、鼓舞和支持了全世界數百萬人的，不只是他所「做」（Doing），而更是他活出的生命（Being）。這本書本身便是這樣「生命影響生命」的見證。

肯．羅賓森的女兒在前言中提到：「他與人交談時總是非常專注，心無旁鶩，不論對方是誰……他讓每個人覺得自己很特別。」他並不只是「傳講」人類生而獨特的道理，而是處處「活出」這樣一位好老師、好領導者的典範。

這樣的典範也一致呈現在他對教育體系深度的批判：他不妥協的點出應該更好的地方，卻在根本上，宣告了我們可以更有能力。這樣的「高標準與高激勵」，不也是教育者面對學生的態度嗎？

閱讀肯．羅賓森代表作《讓天賦自由》，他就像好老師般對每個學生個體諄諄教誨，讓我看見自己無限的潛能與創造力。

而閱讀《讓天賦發光》，讓我做為教育者與草根變革者，感受到無比的重要性與責任感，提醒我回歸學校與學習的活潑本質。

直到我成為母親，肯．羅賓森的《讓孩子飛》深刻同理父母與教育體系互動、在變革與保守之間的為難，鼓勵我超越焦慮，成為學校與老師的另一種合夥人。

而在他的生命最後，透過他與女兒令人動容的傳承與延續而完成的《重新想像教育的未來》這本書，給予我跨世代、持續向前的急迫感與可能性。即便我和肯．羅賓森素未謀面，他也用他的生命深刻影響我的生命。

最後，是**盼望**。有句話說「患難生忍耐、忍耐生老練、老練生盼望」。作者一輩子實踐理念過程中碰過許多困難，從本書也可以充分看見他的老練。但老練往往可能讓人憤世嫉俗，「反正我都看過了」、「我都已經知道了」、「世界就是這樣運作的」。

但我認爲這本書最後最令人印象深刻的，是即便在生命的最後、即便仍然看見這麼多問題與困難，字裡行間仍然充分展現出「盼望」——相信改變是可能的。就像前南非總統曼德拉（Nelson Mandela）說的：「願你的選擇反映你的盼望，不是你的恐懼。」

在肯．羅賓森演講影片下方，有許多人留言感慨，這麼多年過去了，爲什麼教育變革的速度仍然如此緩慢。但在這樣關鍵的改變時機，我們若因此失去盼望，而被恐懼與焦慮占據，反而無法體會「想像一下，假如……」的美妙之處，看不見改變的奇蹟眞實在發生中。我相信，這份「盼望」也是作者透過最後這本書，希望託付給我們最珍貴的禮物。

肯．羅賓森是我做爲個人、教育工作者、母親、公民影響我最深的「導師」之一，能爲他生命中最後一本著作推薦，是我極大的榮幸。

創造更貼近生命的教育生態系統

藍偉瑩（社團法人瑩光教育協會理事長）

這些年因著教育變革，我們總能聽到許多評論，談論著自己相信的價值，認為什麼才是好的做法，說著年輕人的許多問題，感嘆著競爭力大不如前；相反的，我們也會讀到另一種聲音，訴說著年輕人充滿創意與勇氣，為這個社會帶來不同的風貌，讓台灣被世界看見與肯定。這些都是台灣的真實樣態，有些人在成長過程中找到了自信與勇氣，更發現了關心的場域與議題，積極學習並著手實踐，但顯然，有些人並沒有如此幸運的找到自己。

當社會的樣貌不盡如人意時，大眾總會習慣性的責怪教育，特別是多年來持續發生的教育變革更成爲衆矢之的，我總好奇，這些提出批評的人眞正了解改革的理念、意義、目的與實踐方式嗎？另一方面，我也好奇，制定改革方向或著手改革的人是基於什麼樣的發現與證據，才決定要進行何種改革呢？

肯．羅賓森認爲教育是有組織的學習系統，誠如他所說的，每個人都會談論教育，但多數時候大家可能是各自表述，甚或是雞同鴨講，衝突就此產生。教育存在的複雜系統可能是助力，也可能成爲阻力來源，對於各方提出來的解方，或甚至同一方說出的解方，都可能是相互競爭與矛盾的，而最終被爲難的是學校和老師，眞正受影響的是學生。

肯．羅賓森從個人、文化、經濟與社會四個面向談教育的目的，突破了一般人將教育視爲職場入門磚的傳統思維。如果人類世界也是一個生態系，那生態系要能平衡與蓬勃就必須維持生物的多樣性。不同特質的個體都應該在生態系中擁有健康的發展空間，不同文化更能在這樣的生態系中交融，激盪出更大的創意與行動，經濟的樣態與發展也才能多元與永續，社會也才能走向眞實的平等，而非形式的公平。

肯．羅賓森更指出了八種核心能力，在各種學習的學科與情境中，讓學生能眞實的經歷、體會、理解與發展，這些能力絕不是時間到就能自動出現的，而是透過刻意的規劃與安排才能夠產生。

從過去到現在，將教育視爲進入更好學校與獲得更好工作途徑者，常會運用一致的標準與要求來管理不同特質的學生，認爲這樣問題最少也最公平，結果往往耗費大量的心力與因應措施，來壓制無法在這樣體制下學習與成長的學生。這樣的方式淘汰了無法「配合」與「通過」這種制度的孩子，讓教育走上最違背教育意義的路。

但是如果能將心力用在發展出學生能夠投入的學習任務，如果能更了解與發展出不同特質學生的學習支持，則父母與老師的心力便會用在如何協助孩子們的學習與成長。

前者與後者同樣需要耗費心力，同樣都不是容易的事情，但爲什麼不選擇一條更可能有效的路徑呢？

在台東，我常會聽到學校的校長和老師們描述著他們學生的成長，每個學生在他們的眼中都有獨特之處，他們也很務實的說起這些孩子們的不足，對孩子們有擔心，但更多的是期待。老師們對於學生的生涯發展有著開放的想法，因爲每個孩子都能長出自己的樣子，他們在乎的是學生是否能了解自己、相信自己，找到學習的熱情，更對於自己的未來有期待。讓學生的獨特有可以發展的舞台，同時陪伴孩子面對與處理自己的不足，竭盡所能的將世界帶進孩子的生活中，創造他們與眞實世界有更多互動的機會。

有人說台東的生活很慢，我卻在這裡看見更貼近生命發展的陪伴歷程。或許以某些政策來看，這些孩子的學力不如其他縣市，但評比的結果從來無法顯示學校與老師面對的學生起點，因而無法呈現出老師們的努力與學生的成長。然而，花草就在石縫中生長出來，眞正看重孩子能力與生命的教育就走出了自己的路。

如果我還在學校教書，到今年（二〇二二年）已經邁入第二十八年了，這麼說似乎表示我已經離開學校，但過去的我只能在一所學校執教，而現在的我因著成立教育協會，每個月定期在近三十所學校間移動，陪著學校和老師們面對挑戰。

參與教育與實踐教育，從來都不只有一種特定形式，教育存在於每日生活，無論是人與人相遇時的談話，或是網路上的一篇文章，甚或是在便利商店購物時的互動經驗，都可能對孩子們有啓發，有時也可能讓孩子們對世界產生錯誤的認識或歸因。當我們以新的角度看待教育，或許就更能夠知道每個人都肩負著讓教育更好的責任，因爲我們都是教育生態系統的一分子。

如果整個系統能夠提供生命的多元發展有更多的信任與空間，每個人都相信自己就是那個啓動變革的人，也積極採取行動，那政府或許更有勇氣來推動理想，教育政策會更有彈性。

在這樣的生態系中，學校與老師能獲得更大的尊重與支持，每個人成爲孩子們更好的示範，最終我們的孩子才可能在克服地球困境下，讓自然環境資源與人類資源能永續發展。

我不是唯一，他相信我們所有人都能做到

黃國珍（品學堂創辦人）

人類文明開展的每個重要轉折點，總有能洞見問題本質、指出前進方向、描述未來面貌、以話語給予力量、以行動激勵人心、引發衆人跟隨的先行智者，讓問題成爲改變的轉機，讓後世能在他活躍的時間軸上，標記一個時代的終結與開啓。國際知名創新教育大師肯．羅賓森爵士就是一位這般存在的人。

二〇一一年，我剛投入閱讀教育工作，大量閱讀學習素養教育的資料，包括TED Talks中與教育相關的影片。在那個名爲「學校扼殺了創意嗎？」的十八分鐘演講影片中，講者肯．羅賓森一開始帶著些微蹣跚的步伐站立在講台，接下來他以幽

默、睿智的演說，直指當前教育源自於標準化和學術化的固著思維，忽略孩子天賦的多元性與有機的創造力。

演講中他說了一個小故事：

課堂上一位小女孩很認眞在畫畫，老師好奇的問她：「你在畫什麼啊？」

小女孩說：「我在畫上帝。」

老師說：「可是沒有人知道祂長什麼樣子啊？」

小女孩說：「沒關係，他們等一下就知道了！」

演講現場的聽衆哄堂大笑，坐在電腦前的我也忍不住爲這天眞的回答笑出聲來。但隨後講者提醒我們反思，相較於孩子，大人們失去了什麼？失去想像力與犯錯勇氣的大人爲孩子設計的教育，也無法爲孩子保有各自最珍貴的天賦。現場的聽衆與我都陷入沉默，但我心中似乎有一盞燈、一束火苗被點燃，爲投入閱讀教育照映出方向，爲傳遞與擴散備好火種。

那是我第一次認識肯．羅賓森這位創新教育的倡議者，而他在我投入教育工作的初期，自然成為我學習與思想的精神導師。

自此之後，我看完所有可以搜尋到的肯．羅賓森演講影片，並閱讀天下文化陸續翻譯出版的著作，包括《讓天賦自由》、《讓創意自由》（*Out of Our Minds*）、《發現天賦之旅》、《讓天賦發光》、《讓孩子飛》等，跟隨他的觀察與思考，檢視當前的教育制度與理想的距離，反思自己的學習過程與發展天賦的關係，進而驗證他的理念。

在這幾本探討教育的著作中，肯．羅賓森舉出多樣的觀察與研究的實例，以熱切的語言說明他的想法，圍繞在一個核心主題上，也是他個人對教育的中心理念：教育的使命就是讓每個人能發揮天賦，用以創造個人生命的成就，參與多元世界的發展，與世人共同創造一個相互支持、均衡發展的世界。而教育做為滋養生命、賦予能力最重要的系統，就是給予每個人能自由發揮天賦的環境與資源。

但是當前的教育並非依這個目標所設計，而是依循線性思維及工業化社會對人力的需求條件設計而成。這般過時的教育體系，殘害的受害者並非只有孩子，還包括整個世界與人類共同的未來。而當前教育體制難以改變的原因，是大人們受制於僵化的心智思維。這是肯．羅賓森呼籲讓孩子天賦自由的同時，積極關注並要解決的核心問題。

《重新想像教育的未來》序言中談到，教育在人的生命中扮演兩個主要角色，一是幫助孩子開發天賦，二是在這個世界獲得成功。而根據他的觀察，現今的教育在這兩項上還有許多要努力的工作，需要更多人覺察教育對世界的深遠影響，並參與教育的改造工程。

這令他心急的迫切感，觸發他濃縮一生的思考，撰寫這本書，於二〇一七年開始動筆，撰寫序言時間是二〇一九年十月，病逝的時間是二〇二〇年八月二十一日。因此這本書可以視爲他爲自己一生教育理念和未來願景所寫的精華摘要。

書中前言提到，這是肯．羅賓森畢生心血的核心，是一封獻給人類潛能的情書。我可以了解那份心情，對於傾心的最愛，一切爲之付出都如情書般，傾注全副的心神與熱情。

讀完《重新想像教育的未來》後，我認爲這本書是肯．羅賓森寫給所有人和教育工作者的一份愛的叮嚀與託付。全書九個篇章，每一篇都能讀到他眞誠的傾訴，以及對孩子、教育、世界與未來的愛。但愈是愛，伴隨而來的是難以忽略的憂心。他在書中多次提醒危機就在當下，改變的契機也在當下。

如本書的共同作者、肯．羅賓森女兒所說：「在我經歷懷疑、問題、啓發和悲傷的整個過程中，有一道純粹的光亮一直指引著我：他相信我能做到。他相信我們所有人都能做到。」

肯．羅賓森希望我們能做到什麼事？當然是讓每個孩子發揮天賦、成就個人生命，參與共創一個更爲美好的世界與未來。這目標是那麼美好，卻有許多人固著於過往的經驗，不相信它實現的可能性，否定一個可以創造的機會，一如前文小女孩和老師的對話，呈現固著心智與創意天賦之間，值得反思的差異。

失去想像力的大人要教孩子如何想像，失去創造力的體制，要培養孩子如何去創造，沒有比這更荒謬的事情了。當教育界議論讓孩子天賦自由的同時，或許大人們需要先讓自己的心智自由。

因此，在這本書最後的篇章裡，肯．羅賓森提醒我們每個人都要成爲變革者，如印度聖雄甘地（Gandhi）所言：「成爲你希望看到的改變！」眼前的教育不只需要「改革」（reform），更需要的是聚焦個人天賦與世界未來的「蛻變」（transform）。對人的才能產生新的理解，創造正確的條件，讓生命和學習能豐富精采，以迎接人類的新時代。

本書的英文書名是《Imagine If...》，這讓我想起一位與肯．羅賓森同樣爲英國人的音樂巨星——披頭四樂團主唱約翰．藍儂（John Lennon）。他在一九七一年發

表一首名爲〈Imagine〉的作品，這首歌的歌詞蘊含深意，表達對人類處境的關懷與理想，召喚世人共同覺醒，建立一個沒有國家衝突、不因信仰而分裂的世界，邁向和平共享的未來，數十年來感動全球樂迷。

歌曲中有一段歌詞多次重複，也成爲這首歌曲最動人的結尾。它是這麼唱的：

想像所有的人，分享這整個世界
你會說我是個夢想者
但我不是唯一
我希望有一天你能加入我們
這個世界將能融合為一

我想像著，這或許是肯．羅賓森將書名定爲《Imagine If...》的原因。

想像一下，假如……，有一天，你能加入我們，讓教育支持每一個孩子發揮天賦，一起創造一個和諧包容、豐富多樣而美好的未來。

你會說我是個夢想者，但我不是唯一……

教育也是自然生態系統

張輝誠
（學思達教育基金會創辦人）

《重新想像教育的未來》一書可說是肯．羅賓森一生對教育的愛、洞察、思索與行動之總結，簡潔有力、意蘊深遠。

肯．羅賓森的洞察，在於他看待教育，並非將之視為單一個體，或某一壁壘分明的學科，而是將之視為自然生態中的一環、整體世界之一有機體、時間長河中之連續存在狀態。他認為最好的教育就應該像「注重生態系統的再生農業」，野化、充滿活力與生機、欣欣向榮；真正的教育，就應該回應世界發展與變動，有如隨時可做出適當調整與改變的有機體。

例如，過去工業革命，產生類似工業化概念的教育（學校有如生產線，生產出同標準、同規格、大量的學生），如今世界科技、資訊疾速發展，教育早應該做出全新的調整與改變才行，但卻依然留在類工業化教育的窠臼。——教育，是有機體，需要不斷更新、調適，要活潑潑隨著外在變化做出改變。

肯・羅賓森的洞察，又在於他將「教育」放進宏觀的人類史（而非放在某個人類時期或文明的片段）來看，這樣的切入角度非常特殊，很快就會觸及兩個本質問題：一，人與世界上其他生物的相異之處爲何？二，教育如何將人類不同之處發揮得淋漓盡致？

關於第一個問題，肯・羅賓森認爲在於「人類獨特的想像力與創造力」，因有想像力，人類得以用不同於其他物種的方式在地球上生活，創造出人類所居住的世界；又因有創造力，讓想像力得以落實成眞。

想像力與創造力，恰恰都是人類與生俱來的天賦，所以教育的目的，最重要的就是創造出各種體制、環境，來呵護、培養、激發、展現每一個人天生的想像力與創造力，找到自己的「天賦」，在世界上獲得成功，達到自我實現。從這個脈絡就能明白肯．羅賓森的名著《讓天賦自由》、《發現天賦之旅》，會如此強調「天賦」的主因。

肯．羅賓森所謂「天賦」，簡易說來就像李白名句「天生我材必有用」；深入探究則是「個人內在世界的自我追尋與自我實現」，意即找到人的資質與熱情的交會點。資質就是擅長做的事，熱情就是喜歡做的事，兩者交織一起，人就是適得其所、發揮天賦。只是，天賦人各不同，若能幫助每個人都能尋找到天賦、發揮天賦，人就能創造出各自心滿意足的人生，然後從個體天賦發揮，再到群體天賦發揮，全體人類就能一起發揮最高的創造、價值與成功。

因此，肯．羅賓森認爲教育的最終目的就是「創造出讓個體能夠發揮天賦的條件、環境、體制，並取得成功，完成自我實現」，基於人類天生之「想像力與創造力」，教育應該著重在八大核心能力（好奇心、創造力、評判力、溝通力、合作力、同情心、內心的平靜、公民權）、設計出創造奇蹟的條件（學習者組成的社群、使學校成爲蓬勃的生態系統、看重老師、跨學科課程、混齡教學、個人化學習、有彈性的課表、從正確的角度看待評量、了解遊戲的重要性、與社群形成有意義的連結、打造適合學習的實體環境）。

這些都是肯．羅賓森以終爲始，同時又能化爲具體可行，指出教育還可以如何改變方向、調整重心，以及落實之處。

肯．羅賓森認爲創造「充分發展天賦」的教育，並非只寄望政府或教育官員，而是人人有責、人人有力量，無論是學校、學生、老師、家長、企業、個人，每個人都可以是創造美好教育的變革者。我非常認同肯．羅賓森所說：「教育必須從底層開始改革」，由衆多人一起創造出一個教育變革的生態系統，一旦這個生態系統被創建出來了，美好的、想像的、未來的教育奇蹟，就會不斷出現。

台灣近十年翻轉教育浪潮，本質也是「由下而上的底層改革」，學思達也是這股改革的能量之一，一直持續至今。

肯．羅賓森認為教育的目的是讓個人發揮天賦，而個人發揮天賦的目的，一方面是與自我內在世界的連結，另一方面則是透過天賦，與外在世界連結，讓世界變得更加美好。這是肯．羅賓森在書中的另一重點，一個人有兩個世界，內在世界和外在世界，內在存藏天賦，外在承擔責任，個人發揮內在天賦之餘，同時應該承擔讓外在世界變得更好的責任。

所以人應該意識到人類之間的相處（社區、社會、國家、國際），以及人在地球上，做為大自然的一分子，已經對大自然生態系統造成何種影響與損害（例如，消耗大量資源、迫害動植物、破壞地球環境……），應該如何加以緩和、修補與永續。教育的目的，也就從自立為始，而愛護地球，從個體自我實現，走向人與人共好、人與地球共好，朝向一個更寬闊的美好世界前進。

這是肯．羅賓森對教育的愛，也是對人的愛，對世界的愛，更是對地球的愛，肯．羅賓森的女兒在前言寫著：「爸爸畢生心血的核心，是一封對人類潛能的情書。」這話說得眞好，因爲濃厚的愛，才能寫出如此深情款款的情書。

打造充滿生命力、創造力、包容力的校園

朱家明（亞太美國學校校長）

在傳統教育下長大的我，求學時只知道要好好讀書和考試，努力做個父母師長期待下的乖寶寶。

當了媽媽以後，從跟孩子一起互動學習的過程中，我開始有了不同的想法。兩個孩子從小個性大不同，女兒富想像力，喜歡編故事、畫畫、表演；兒子則對世界和科學充滿好奇，熱愛拆解玩具和做實驗。

由於兩個孩子在興趣上的差異，我開始嘗試用不同的方法陪他們學習，也由此了解到只有尊重孩子的差異化，才能幫助他們去發現和發展自己的潛能和樂趣。漸

漸的，我開始為教育方式和學校起了衝突。

第一次聽到「世界的教育部長」肯．羅賓森爵士談教育的演講後，積壓在內心多年想改變教育的強烈渴望一夕爆發了；於是，我決心將羅賓森的教育理念和自己在地的實務心得融合，二〇〇五年在新竹催生了亞太美國學校，希望用一個充滿生命力、創造力、包容力的校園來形塑孩子看自己和世界的方式。

《重新想像教育的未來》這本書是肯．羅賓森在人生最後階段由女兒協助留下的一封對人類潛能的情書，這封留給我們的情書以簡潔有力的內容，總結了他一生對教育的熱愛和願景。

雖然「這封情書對於我們視為理所當然的許多體制，做了深度批判，而且毫不妥協的暴露了這些體制的許多缺失」，但他也樂觀的「宣告了我們可以更有能力，每個人都擁有源源不絕的天賦和資源，假如我們竭盡全力讓潛能成長茁壯，而不是系統性的壓抑它，這個世界會變得更加美好。」

在這本書裡，肯．羅賓森認爲在這個充滿新科技和變化的世界，我們必須認眞思考和改變教育，協助孩子爲他們的未來做好準備。他深信教育需要轉變，不應該再用傳統的課表和評量來定義學生，阻礙了個體的發展，結果教出一代代一模一樣的孩子。他鼓勵孩子們多元學習和探索，主張學校應捨棄標準化學習，要提供孩子有彈性的環境與機會，以發展他們個人的、獨特的才能與能力。

肯．羅賓森深信，人類透過想像力創造了這個世界的各種面貌，也帶動了世界的演化、進步，和未來無限的可能。然而每個孩子的個性、思考方式、行爲和強弱項都不相同，所以教育必須是一個活的生態系統，鼓勵孩子探索自己的興趣和天賦，讓孩子適才適性、對學習有信心，才有機會發展他們的特質。

他痛心當前的標準化教育變成了一條生產線，學生成了標準流程下大量生產的商品，全然無視於孩子差異化的潛能。一旦孩子們失去了發現天賦和讓天賦自由發展的機會，他們也就失去創造美好人生所需要的機會，這對社會與文明的發展將會是場災難！

肯・羅賓森在這本書中強調教育的四個目的（個人、文化、經濟、社會）和八個核心能力（好奇心、創造力、評判力、溝通力、合作力、同情心、內心的平靜、公民權），就是架構未來教育的重要基礎。

這些年來，我在亞太美國學校的創新與環保校園，致力推動主題式教學、才能導向學習、設計思維，以及STEAM（科學、技術、工程、藝術、數學）和跨領域學習，正是希望在二十一世紀這個充滿挑戰的時代，能培養出能夠思考和解決問題的下一代。我很開心看到台灣愈來愈多的教育工作者和家長已經開始接受這樣的教育模式。

在今天這個亟需跨領域學習的世界，我們應鼓勵STEAM的綜合學習，並從中找出最適合每個孩子發光發熱的成長道路。面對滾動愈來愈快的未來，解決問題的方式已不再是延續過去的做法，而是要用新的方式來面對。因此教育需要不斷的因應快速變化的科技和環境進行改變和調適，而科學和藝術亦需扮演相輔相成的角色。傳統教育中，重理工、輕文史和藝術的心態必須揚棄，避免抹煞孩子多元探索的機會和跨界思考的能力，進而扼殺了各行各業未來真正所需要的人才。

肯．羅賓森強調，面對人類現在的進步，我們已經無法從過去找到這個世界所需要的答案，我們也沒辦法預知未來在各個層面、領域和環境可能帶來的衝擊，所以下一代的孩子不僅需要勇於嘗試和探索的能力，更需要擁有在探索和嘗試失敗後，重新站起來的勇氣，才能面對未來的挑戰和挫折。他點出這個世界正在經歷革命性的變化，我們需要改革教育，才有能力迎接這樣的變化。因此他期盼孩子們要關懷他人、參與社區、保護生態，做一個活躍積極、富同情心的地球公民，而這些都要從改革教育體制、提升孩子的心靈開始。

辦學十七年後，當我閱讀《重新想像教育的未來》時，不禁省思自己完成了多少肯．羅賓森所倡議的未來教育，也更懷念多年來帶著自信勇闖世界的亞太畢業生。

我很榮幸能有機會推薦這本視野宏觀、見解不凡的新書，也希望肯．羅賓森這封最後的教育情書，能幫助台灣父母想像自己孩子的未來，也激勵台灣教師想像我們社會的未來。如作者所言：「我們面臨的風險前所未有的大，但手上擁有糾正錯誤所需要的一切。」採取行動的策略，盡在本書中！

前言

想像一下，
假如我們運用天生豐富到難以置信的能力，
創造一個所有人對自己獨特天賦有深刻了解的世界。

有一句名言：「我很想寫一封簡短的信，但我沒那麼多時間。」據說是法國哲學家暨數學家帕斯卡（Blaise Pascal）說的，但小說家馬克·吐溫（Mark Twain）、英國首相邱吉爾（Winston Churchill）、英國哲學家洛克（John Locke）、美國總統威爾遜（Woodrow Wilson）和美國開國元勛富蘭克林（Benjamin Franklin）等人，據說也說過意思相同的類似話語。我相信他們都說過類似的話，完成此書之後，我完全理解他們的意思。說話簡潔其實是最耗費時間的一件事。

本書刻意以簡潔方式呈現，不過涵蓋的卻是一生的工作成果。不是隨便一個路人甲的一生，本書的主角啓發、鼓舞和支持了全世界數百萬人。他讓全世界的人確知，有問題的不是他們自己、也不是自己所愛的人，而是體制。我非常幸運，能稱他爲父親。

爸爸才華洋溢，但是他本身也是個禮物。他善於言詞、精明犀利、風趣、謙虛和善良，這樣的人相當稀有。他與人交談時總是非常專注，心無旁騖，不論對方是誰。在現今的世界，人們很容易分心，隨時在察看周遭動靜，這使得父親的這項特質顯得格外突出。他讓每個人覺得自己很特別，因為他善於看見他遇見的人身上的獨特之處。

和他相處時，你知道身旁這個人不是普通人，但其實我直到他離開了，才明白他這樣的人多麼稀有。我將在餘生慢慢接受父親離去的事實，但也要用我這一生盡力確保他的工作成果會一直延續下去。事實上，此時正是全世界所有人最迫切需要他的訊息的時刻。

爸爸畢生心血的核心，是一封對人類潛能的情書。當然，這封情書對於我們視為理所當然的許多體制，做了深度批判，而且毫不妥協的暴露了這些體制的許多缺失。但在根本上，它宣告了我們可以更有能力，每個人都擁有源源不絕的天賦和資源，假如我們竭盡全力讓潛能成長茁壯，而不是系統性的壓抑它，這個世界會變得更加美好。

爸爸將他的一生獻給這個願景。二〇一七年他開始動筆寫這本書，但這本書的起源在更早以前。我很確定他會說，這本書在他出生之前就開始寫了。

他的論點不是新冒出來的，它源自人類教學和學習的長久歷史深處，只是他早於其他人宣之於口。

他的論點建立在許多啓發人類的原則之上，但現代人卻把那些長久以來一直在啓示人類的大部分原則遺忘了。就此而言，父親站在人類的漫長歷史洪流中，我能與他並肩而立，深感榮幸。

我有幸和爸爸一同工作了幾年。當我們在二〇二〇年夏天得知他的病情預後時，我向他允諾：「我會用一生來延續您所做的努力。」在他人生最後幾日，我們花了很多時間，談論我需要承擔哪些責任，以及這本書要如何完成。

那些日子的回憶，將永存我心。

在完成本書的過程中，我一方面從他的話語和訊息得到了安慰，一方面因爲無法確認他的眞實想法，或和他一起討論，而感到痛苦。這是個獨一無二的經歷。我從來沒準備好面對過去這幾個月的旅程、面對他的離去，以及試著理解這個沒有他同在的世界。但在我經歷懷疑、問題、啓發和悲傷的整個過程中，有一道純粹的光亮一直指引著我：他相信我能做到。他相信我們所有人都能做到。

這本書一開始只是爸爸一生工作成果的摘要。但現在，它不止如此，它是爸爸一生使命的託付。它號召爸爸在過去和未來所啓發的無數的人，繼續爲我們迫切需要的變革而戰。

這場革命已經展開。要參與這場革命，我們需要和爸爸一樣，看見自己的個人潛能，也看見全人類的集體潛能。

想像一下，假如我們運用天生豐富到難以置信的能力，創造一個每個人對自己獨特天賦有深刻了解的世界；想像一下，假如我們建立提升所有人、而非壓抑所有人的體制；想像一下，假如我們擁抱人類的多元性，而非逃避它，那會是什麼情況？我們來到人類歷史的關鍵時刻，我再也不能繼續承襲過去的做法了。我們必須要拿出更好的表現。首先，每個人要站出來表明自己的立場。

想像一下，假如……

——**凱特・羅賓森**
溫莎，二〇二一年六月

序言

這個世界正在經歷革命性的變化。
我們需要改革教育，
才有能力迎接這樣的變化。

我們該如何教育孩子？長久以來，我們一直弄錯了，而且錯得離譜。扭轉錯誤、回歸正途的迫切性，前所未見。這個世界正在經歷革命性的變化。我們需要改革教育，才有能力迎接這樣的變化。

我在教育領域已經超過五十年，這些年來許多事改變了，但也有許多事沒有改變。我職業生涯的多數時間用來推動教育的根本改變，讓更多人有更多機會活出應得的人生。孩子天生擁有無限潛能：他們的未來發展，和所受的教育息息相關。教育在人們的生命中扮演兩個主要角色：幫助孩子開發天賦、在這個世界獲得成功。然而，現今的教育往往都沒做到。

我對此心急如焚，長期不斷透過寫作以及演說聚焦這個議題。我受邀參與世界各地的許多計畫，也出版了很多著作，還做過數千場簡報。我經常被問到：如果把我的理念濃縮成精華，我想推動哪些具體變革？理由是什麼？我現在想做的正是如此，以下是我濃縮得到的想法，包括我們面對的挑戰、所需的變革，以及能採取的實際步驟。

主題有三個。第一，我們活在變革的時代，面對前所未見的挑戰，在個人、社群和全人類的層面皆是如此。這些挑戰大多是我們造成的結果，那也意味自己能採取行動加以挽回。第二，假如我們要這麼做，就必須用不同以往的方式，思考自己和孩子的事。第三，對於教育和社群，我們必須用不同以往的方式做事。

如果你讀過我的其他著作，會在本書也看見一些重複的論點和用語，畢竟本書是濃縮的精華。如果你還沒讀過那些著作，我希望你能讀一下，裡面提供了很多證據和實用的例子。如果你沒時間讀那些書，那麼這本書你非讀不可。我希望它能打開你的思路，也希望你會覺得它對你有幫助。這些都是無比重要的議題。

——**肯・羅賓森**

洛杉磯，二〇一九年十月

引言

人類的創造力大大增進了生活的舒適性、身體的健康，以及文化的繁複性。

創造力也帶我們來到一個重要的關卡。

你在這裡。對你來說，今天可能和平常沒有兩樣，也可能有些不同。或許你正處於一個熟悉的情境，又或許在一個全然陌生的地方，做從未做過的事。不論是哪種情況，你在這裡：你是這個世界正在呼吸、活生生的一部分，你在這個我們共享的世界裡。

不論你的情況如何，你周遭的環境，以及看到、聞到和摸到的一切，都和先人的體驗不同。就算你置身於家族留下來的百年宅邸，身處的環境裡也有很多東西是祖先不認識的。你最早的祖先不會知道書是什麼東西，更看不懂書的內容。他們的後裔對於大量生產和出版的概念，必定會大感驚奇。而這些後裔的子子孫孫，一直到你曾祖那一輩，若是看到電子閱讀器、筆記型電腦或是智慧型手機，一定會驚訝得目瞪口呆。你懂我的意思：這個世界在人類歷史中不斷發展、演化和進步。這個進程會持續下去，而且會以愈來愈快的速度進行，而我們是導致這個現象的原因。

在接下來的篇幅中，我們要檢視一下，是什麼原因使人類與地表的其他物種相比，是如此的特別。我們會指出周遭世界變成現在這個模樣的一些原因，以及如何變成這個樣子的；也會探討有多少我們所屬的體系不再發揮該有的功能，教育體系是其中之一。

教育能使孩子的生命歷程發生巨大的轉變，朝好的方向發展，不論孩子來自什麼背景，這個道理都適用。但這個轉變不會自動發生，發生的次數也不夠多。教育界有很多熱血好老師專心致志完成自己的工作，但他們的價值往往被低估了。他們所在的體系，限制了他們所需要的自由，所以不能自主做決定去眞正創造正向的影響。教育對一個人的影響，取決於他上哪種學校，以及接受哪種老師的教導。但現在的教育往往是對年輕人潑冷水、而不是向他們伸出援手，並且阻礙他們得到創造美好人生所需要的機會。造成這個現象的原因，與現行教育體系的演變過程有關。

長久以來，教育只局限於範圍狹隘的學業能力，因此忽略了年輕人的天賦和興趣其實極其多元廣泛的事實。更重要的是，各國政府砸大錢「改革」教育，以「提高標準」。這些作爲基本上只是浪費了驚人的精力、時間和金錢，建立在一個對孩子、學習以及我們所在的世界執迷不悟的假設上，同時忽視了孩子要創造一個更永續平等的世界所需要的能力，包括創造力、批判思考、公民權、協作，以及同情心。

當我們面對愈來愈過動的未來，解答不在於延續過去的做法，並做得更好，而是必須做不同以往的事。我們必須綜合評估所有人所在的位置，徹底重新思考要如何跨出下一步，刻不容緩的重新想像教育和學校的樣貌。人生總是充滿激烈的變動。即便如此，不論以哪種標準來看，我們現在面臨的挑戰屬於不同的層次。教育不是導致這些危機的唯一因素，卻和其有錯綜複雜的關聯。一九三四年，心理學家皮亞傑（Jean Piaget）曾說：「唯有教育能使我們的社會免於崩潰，不論透過激烈或漸進的方式。」我們的歷史提供了許多例證。有遠見的小說家威爾斯（H. G. Wells）的說法更爲犀利，他說：「人類歷史是教育和災難之間的賽跑。」事實證明，他和皮亞傑都說對了。

或許你已注意到，這本書很輕薄。我把它視爲一封很長的情書。輕薄的書或是很長的情書有一個特性，就是用很少的時間談到很多的東西。若你熟悉我的作品，可能會在本書中發現曾經看過的論點。若你不熟悉我的作品，而你看了本書之後有一些疑問，建議去看看我的其他著作，裡面深入探討了許多主題，並爲我們在全世界主張的變革提供了實際的例子。

本書是關於一個緊急的懇求，請所有人停下步伐做整體評估，然後修正路徑。我們過去的行動早已越過臨界點，現在所做的事已經弊大於利。我們正在系統性的破壞地球的自然資源，也在破壞人類所擁有的資源。假如我們不改變行爲，將無法與下一代居住在健康的星球之上——這個我們稱之爲家的地方，也將失去機會培養我們未來需要的技能——假如我們還有未來。好消息是，解決方案已經掌握在我們手中。我們面臨的風險前所未有的大，但手上擁有糾正錯誤所需要的一切。

01 × 人類的優勢

人類因爲有想像力，
才得以和地球上的其他生物做出區別。
我們透過想像力，創造了這個世界的各種面貌。
我們也能重新創造這些面貌。

人類和地球上的其他生物在許多方面沒有兩樣，都有血有肉，都仰賴地球的供應而存活。若一切順利，我們從微小的種子開始成長，經過嬰兒期和成熟期，到老年，最後死亡。

我們和所有的生物一樣，倚賴地球的豐富贈予得以存活，在某些條件下能夠成長茁壯，在其他條件下則凋萎衰敗。然而，人類在某一方面與其他生物有天壤之別，那就是人類獨特的想像力。因爲有想像的能力，我們能用不同於其他物種的方式在地球上生活，創造自己所居住的世界。

這並不表示地球上其他生物都不具備想像的能力，或是不具備任何一種形式的想像力。不過，可以確定沒有任何生物能展現像人類一樣複雜的想像能力。其他的生物有其獨特的溝通方式，但沒有任何一種能與人類的精湛語言能力相比。有些生物或許會歌唱或跳舞，但無法吟唱詩歌，或跳一齣芭蕾舞劇，或協調組織快閃活動。牠們或許會凝視夜空，但無法估算黑洞的負能量，或打造令人驚奇的太空船。但人類可以。到目前爲止，人類是地球上最有發明創新能力的生物。

在宇宙歷史的洪流中，人類的一生就像鳥兒振翅般短暫。然而，我們被賦予無限的想像力，使我們能超越時空的限制。

想像力是我們讓不在眼前的事物浮現在腦海中的能力。有了想像力，我們就能跳脫時空的束縛，我們能推測、想像和猜想。我們能回顧過去、預想未來，對他人的想法和感覺能感同身受。

想像力是多層面的，包括獲得下列心理感受的能力：想像的（imaginal）——腦海浮現從眞實體驗得到的畫面，例如，母親的秀髮或是昨天的午餐；想像中的（imaginative）——腦海浮現從未體驗過的事物，例如，綠色的狗在溜直排輪或去度假的畫面；幻想的（imaginary）——把想像和眞實的體驗混在一起，例如，栩栩如生的夢境或妄想。想像力使我們能夠預見未來，因此，想像力是我們塑造和創造未來的基本要素。

想像力使我們能夠預見未來，

因此，

想像力是我們塑造和創造未來的基本要素。

用出來的想像力

你可以成天發揮想像力但不採取任何行動，結果是什麼也不會改變。若要運用想像力，需要更進一步：我們需要發揮創造力。

假如想像力是讓不在眼前的事物浮現在腦海的能力，那麼創造力是讓想像力發揮作用的過程。它是一種用出來的想像力。想像力使我們預見各種可能性，而創造力給我們工具，讓這些可能性成眞。

我把創造力定義爲：產生有價值的原創想法的過程。這個定義來自於「我們的未來」（All Our Future）小組的研究結果，其中包含三個重要的詞彙：**過程**、**原創**和**價值**。[1]

1 **創造力是一個過程**，這代表它涵蓋了兩個重要但互斥的歷程之間的關係：**產生想法和評估想法**。創造性活動涉及在這兩個歷程之間不斷來來回回：產生新想法、

追蹤它、評估它，用評估結果產生另一個新的想法，或是修正原始的想法，然後追蹤這個新想法，評估它……如此不斷進行下去。

最後的成果（藝術作品、科學新發現，或是食譜）幾乎不會在想法剛冒出來時，就已經完整而齊備。眞實的情況往往是，剛冒出來的想法只是半成品，經過雕琢和調整、摧毀和丟棄，然後以新的形式重生，才得到最好的結果。即使是最知名的作品，也是如此。據說，達文西（Leonardo da Vinci）花了四年才完成〈蒙娜麗莎〉（*Mona Lisa*）；美國作家安傑盧（Maya Angelou）提到自己的寫作過程時，她說：「我用一生的時間使文字歌唱，我費盡心思琢磨表達方式。」這個過程中產生的想法，非常珍貴。有潛力的想法若太早遭到批評或得不到重視，有可能會受到無法補救的傷害。許多人對自己失望，並認爲自己沒有創造力，就是因爲他們誤解了這個過程。

2

創造力涉及原創性。這裡指的原創性，有好幾種不同的類別：假如它相對於創作

者過去的作品、或創作者同時期的作品是原創的，或是在人類歷史上第一次產生，那就是原創性。

3 **創造力涉及對價值做出判斷**。是否有價值取決於作品的性質和目的，若某個事物是有用的、有美感的，或能長久存留的，就是有價值的。例如，設計建築物時，美感是我們追求的一個價值，但如果建築物的結構不穩，美感就不再重要。建築物的原創設計若要有價值，它必須賞心悅目，同時也要符合它存在的目的。在這個意義上，以及綜合上述三點，我們知道創造的過程非常仰賴批判思考的能力。

創造的能力是每個人與生俱來的。想像力和創造力孕育了人類獨有的所有成就，而這些成就光采耀眼。環顧四周你會發現，我們創造了無數種語言、優雅的數學系統、揭示眞理的科學發現、不斷演進的科技、複雜的經濟體、追尋靈魂的藝術形式，以及文化信仰和習俗。

創造的能力是每個人與生俱來的。

想像力和創造力孕育了人類獨有的所有成就。

創造力是一種呼喚與回應

我們常把「生命以線性發展」這個迷思視爲眞理，以爲出生、成長、上學，接著通過考試就可以上大學，然後埋頭讀書就能取得學位進入社會就業，努力工作就能一路升遷。退休後會過著無憂無慮的日子，並對自己的精采一生心滿意足。這個劇本雖然美好，但大部分並非事實。只有一小部分的人生能按照這種模式發展。

沒錯，我們全都從小嬰兒開始，以差不多的速度成長，可能在人生的某些時間點，有幾個不同的里程碑想達成，但人生的眞實發展其實不像我們所想的那麼固定。對大多數人而言，只有寫履歷的時候，人生看起來才會如此循序漸進、按部就班，而且我們會竭盡所能隱藏人生的混亂部分，只爲了讓別人以爲我們照著詳細的計畫過這一生。

那個劇本沒有交代我們所經歷的高低起伏、峰迴路轉，遇到死胡同之後倒退，往新的方向重新開始，失敗之後再站起來。它也沒有交代意外的機會、衝動的決定、學習和發展、無法掌控的情況，以及這一切帶給我們的成長。人生幾乎不會以直線前進，一路向上發展。眞實的人生比較像牽性畫出來的迴圈。人生是複雜、無法預測的，想像和創造的能力，使我們能安然度過這一生。

人類在地球上的時間，因爲有無數的牽性迴圈交織在一起，使這個世界變成現在的樣貌。人類不斷創造新的工具和科技，提升我們的體驗，不論是斧頭、釣竿、輪子、汽車，或是智慧型手機。人類最大的資產是，在他人成果的基礎上繼續努力，協同合作。

伯納斯李（Tim Berners-Lee）能發明網路，是因爲他站在前人的肩膀上，運用同輩和前輩的思想和發展結晶。他最主要的目標是，協助學術界分享研究成果。他絕對沒有預料，自己的發明會用何種方式幾乎改變了人類生活的所有面向。他發明的科技點燃了後繼者心中的火花，成爲他人發展的基礎，包括連續創業並擁有市值數十億美元企業的創業家、用「我的世界」（Minecraft）從零開始創造世界的七歲

——人生是複雜、無法預測的，
想像和創造的能力，
使我們能安然度過這一生。

孩子，以及在家創作尋找市場的手作創作者。

突破性的科技總是會產生意外結果。古騰堡（Gutenberg）一四五〇年發明印刷機時，完全沒料到大量印刷會在一世紀後激起新教改革（Protestant Reformation）。他的目標只是創立能賺錢的小事業。法拉第爵士（Sir Michael Faraday）在一八二〇年代探索電力物理學時，沒有料到後來會出現核電廠或死亡金屬音樂。發明汽車的先人沒有預料到，這個世界後來會有壓裂技術（fracking）或是出現全球暖化。賈伯斯（Steve Jobs）和他的團隊在二〇〇六年爲 iPhone 解決程式錯誤時，沒有預見無數的應用程式或造成福禍參半結果的社交媒體會應運而生。

他們怎能預料到呢？因爲那不是創造力和文化的運作之道。創造力是一種呼喚與回應：一個想法能激發許多人的無數想法。

一個重要的關卡

在許多方面，人類的生理發展速度和其他動物差不多；但人類文化的快速演進，是其他物種無法比擬的。現今社會和文化的變化速度，前所未見——上個世代的生活方式，在這個世代幾乎已經看不見了。

現代的人比先人有更緊密的連結，我們只要動動手指，就能取得各種資訊。現代人的生活，虛擬和實體的成分幾乎各占一半。我們所在的世界日新月異，生活不再局限於出生地和風土氣候。我們對周遭世界形成各種想法，因此，也有能力調整這個世界，使它變得更符合我們的利益。在人類生命的歷史中，我們不斷形塑和重塑人類的生存狀態，現在，來到了人類演化的關鍵時刻。

現在是時候做個全面盤點，看看我們創造了什麼樣的世界，以及身爲其中一分子，到底代表什麼意義。

附注

1. 譯注：一九九八年肯·羅賓森應英國政府之邀，召集企業、科學、藝術和教育界的領袖，針對創造力、文化和教育進行研究，並做成報告，又稱「羅賓森報告」（All Our Future: Creativity, Culture and Education）。

02 我們所創造的世界

這個世界由人類的想像力和文化所創造的
想法、信念和價值觀形塑而成。
它的創造源自我們的心智，
也源自於自然環境。

在這個宇宙裡，地球的地位相對來說微乎其微。和鄰近的木星、土星、天王星、海王星相比，地球簡直微不足道，和太陽相較，它好比一顆葡萄籽，從宇宙的觀點來看，地球只是無數繁星當中的一個小點。然而，美國天文學家薩根（Carl Sagan）傳神的如此描述它：「在地球上，你所愛的每個人、認識的每個人、聽說過的每個人、曾經出現在世上的每個人，都用自己的方式過了他的一生。」

我們還在尋找證據，證明其他行星上有生物存在。就我們所知，絕大多數按照軌道運行的行星上面，並沒有生命跡象。但我們居住的地球生氣盎然，自然界的生態系統、物種和風土氣候多元豐富，足以成為一個奇蹟。人類世界也同樣精采，人類的文化、信仰和傳統，都有驚人的多樣性。我們的世界不只受到和太陽的相對位置、水的存在，以及大陸地形等因素的影響，也受到人類想像力和文化所產生的想法、信念和價值觀的影響。

你我今日所認識的世界，絕大部分是數百年來人類活動的結果。城市的地點、商業機構和組織的運作方式、教育體系的設計、交通運輸模式，以及必須遵守的法律和秩序，都是我們殫精竭慮打造出來的。

我所謂的「我們」，不是指你和我，而是我們的先人。我們雖然存活於自然界，但其實居住在人類設計的世界裡。每個世代的人在屬於他們的獨特環境裡，度過一生，留下難以抹滅的記號，讓未來世代去理解這些記號的意義。我們現在所置身的獨特環境，是人口學、科技和思想意識這三股全球性的力量所形成的。

人口學

人類這個物種大約在十五萬到二十萬年前出現。從那時起，據估計，大約有一千億像你我這樣的人，在地球上出生，然後死亡。那相當於一萬個人類世代，我們是最新的世代，也可說是外貌最光鮮亮麗的世代。

然而，在人類歷史大部分的時期，人類的數量不多、分散，而且增長得很慢。

每個世代的人在屬於他們的獨特環境裡，
度過一生，
留下難以抹滅的記號，
讓未來世代去理解這些記號的意義。

對於大部分的人類祖先來說，飢餓的掠食者、動作敏捷的獵物和艱苦的生存條件，使他們的壽命短暫，而且活得很辛苦。

在歐洲，到了十八世紀，也就是三百年（或十五個世代）以前，情況才開始有所轉變。我們稱爲啓蒙時代的革命時期，使人類的思維產生巨大轉變，始於歐洲，後來傳遍全世界。哲學家和科學家挑戰古老的教條，主張要了解周遭世界和我們在這個世界所處的位置，就必須將理性和證據置於迷信和信念之上。新發現和新發明的骨牌效應最後導致第一次工業革命，繼而在能源、製造、運輸、農業、衛生和醫藥領域創造了前所未見的創新。

生活條件改善之後，人口開始劇增。一八〇〇年，全球人口爲十億。一九三〇年爲二十億，一九六〇年爲三十億，現在是七十七億。我們預估，本世紀中會到達一百億，本世紀末爲一百一十億。現在也是史上地表人口最多的時候，將近地球出生總人口（一千億）的十分之一。

科技

人類的生活總是會受所使用的工具影響。工具可以擴大我們的能力；一把扳手、一部電話、一台印表機，使我們能做原本不可能辦到的事。工具也能擴張心智，使我們能思考原本無法想像的事物。從耕田的犁到電力，人類發揮巧思所發明的技術，使文明發生了翻天覆地的改變。當伽利略（Galileo）在十五世紀用望遠鏡觀察天空時，那是史上第一次有人用肉眼看見行星。那個全新的觀點使他重新思考人類在宇宙的地位，最後顛覆了過去視爲理所當然的一切。

現在，不到一個世代的時間，數位科技全然改寫了我們工作和玩樂的方式，以及彼此的關係。[1] 全世界的人用數位裝置做每一件事，從查資料到找對象、訂飯店。在任何公共場所幾乎每個人都渾然忘我的盯著一個小螢幕，查看只要動動手指就能查到的雲端資訊。

數位革命其實算不上已經開始。我們還在了解和學習掌握這些新科技，以及它

們在個人及社會層面對生活帶來的影響。在未來，當青少年看到我們現在使用的智慧型手機、甚至是貨幣的圖片，無疑會笑出來。到那個時候，人工智慧將會逆轉並攻占這個世界，而那保證會讓我們生活和工作的方式，以及人類的演化，產生革命性的變化。

思想意識

儘管我們在物質層面過著前所未有的舒適生活，但事實證明，對於愈來愈多的人來說，二十一世紀的生活已經超出他們的負荷。現代人遇到的許多問題屬於精神層面。我指的是，心情高昂或低落的差別：覺得生命有意義且充實，還是虛無和絕望。雖然多數人的物質享受比從前好很多，但有很大部分的人因爲蔓延全世界的憂鬱和焦慮而受苦。

全球每年約有八十萬人自殺身亡，相當於每四十秒就有一人，[2]自殺未遂的人數則是二十倍。在十五到四十四歲的族群中，自殺是前三大死因。在過去，自殺率最高的族群是年長男性，現在已經改變，在十五到二十九歲的族群中，自殺是第二大死因。有個灰暗的必然結果是成癮氾濫，它吞沒了各種背景和處境的人。在處方藥和街頭藥物交易的無情助長之下，藥物成癮造成了巨大的身心傷害。

年輕人罹患精神疾病的比例也在飆高，原因有很多，包括媒體的負面影響和不符合現實期待的持續轟炸、社經風險因素（例如貧困），以及不斷升高的生活成本，還有社會對精神疾病的長期污名化和疏於了解。另一個主要原因是，主流教育制度加在年輕學子身上的沉重壓力，以及標準化測驗的壓力。[3]

我們正在摧毀的世界

另一個迫切需要盡快處理的情況是：人類的行爲對地球累積而成的影響，已經對這個星球造成無與倫比的傷害。在人類歷史的大部分時期，我們順理成章從地球掠奪想要的東西。我們占領了許多生物的自然棲息地，不假思索的造成無數物種滅絕。我們開採石油、排放有害氣體、造成臭氧層的破洞，同時耗盡地表土壤的地力。我們掩埋大量無法分解的垃圾，任憑有毒廢物排放到海裡。

但以前的人並不是如此惡劣和無情。數百年來，人類只取用生存所需的少量資源，許多聚落裡，人們耕種土地，自給自足，供應整個地區的需要。出國旅行是件費時勞累的事，非必要不遠行。人們不會飛到另一個大陸，只是爲了度個週末。隨著科技的進展和人口的增長，我們想要和需要的東西也愈來愈多。

現在，我們快要沒有回頭路可走，根據某些悲觀的估計，我們早已犯了太多錯。人類行爲已經改變了地球的化學特性，我們正在耗盡地球的所有資源，進而使人類從地球上滅絕。

大家常說，我們必須「拯救地球」。我不是很確定這個說法是否屬實，因爲地球要很久很久以後才會撞上太陽。當人們講到拯救地球，其實是指必須設法讓人類

我們快要沒有回頭路可走，
我們早已犯了太多錯，
正在耗盡地球的所有資源。

能夠繼續存活在地球上。在某種程度上，這是確定的事。假如我們繼續以現在的破壞速度蹂躪地球，人類將會沒有未來。滅絕是大自然非常眞實的一環，但按照這個速度進行下去，人類將會加入一個不幸的精英俱樂部，親手造成自己種族的滅亡。

交錯發展的趨勢

人類生活在地球上的方式和其他生物不同，其中一個原因是我們會形成想法和理論，影響人們對這個世界的看法。我們透過價値觀、信念和想法形成的各種面紗和鏡片來看世界。正如偉大的文化理論家紀爾茲（Clifford Geertz）所說的，我們「懸掛在親手編織的意義之網裡」。當我們與其他人生活在同一個區域，會影響彼此的思考方式和感覺。孩子學說話的過程中，同時會吸收語言裡蘊藏的文化觀念和價値觀。因此，他們活在一個充滿信念、理論和知識的世界裡。

人類文化的豐富多元性，夾帶著負面的併發症，以及人們因爲認知差異導致衝突的漫長歷史。文化信仰的差異有可能使人產生敵意，甚至是仇恨。不同的文化起衝突時，造成的動盪有可能影響深遠，而且通常很激烈。

爲了讓人類超越制度性的不公平，有些社會動盪是無法避免而且必要的，因爲那些不公平在過去造成了傷害，而且不利於我們的未來。必須區分我們做的事究竟是「以進步之名除去現況中有害的部分」，還是「持續不斷但不必要的嚴重衝突」。而分辨這兩者的能力，與教育直接相關，這不只是指多數孩子在學校受的教育，還包括我們終生投入的學習和改善。

交錯的水流不會以直線前進，人類的未來也是如此。例如，全球人口不會無止境的增加。比較早工業化的經濟體，人口已經開始萎縮。一百五十年以來，全球出生率一直超過死亡率。在過去五十年，全球出生率開始減緩：一九五〇年，每位女性平均生育四．七名子女，到二〇一七年，這個數字砍半，變成二．四，根據預測，到本世紀末，生育子女數會掉到一．七以下。[4]原因之一是教育。女性受教育的情況愈是得到改善，她們就愈積極做好生育管理，並因此減少生育的子女數。全球人口概況將在本世紀發生巨大變化：新生兒減少而人類平均壽命拉長，這意味到二一〇〇年，五歲以下的兒童人數會大幅減少，而八十歲以上的老年人數會顯著增加。

我們幾乎無法預測數量持平的人口族群將會從事哪一類工作（如果他們都能找到工作），或是會過什麼樣的生活。原本要花很長一段時間，科技的影響才會滲透到生活和工作裡，不過，目前這個世界的變化速度和新科技的影響都非比尋常。這些發展正在改變教育環境，以及我們要如何教育孩子為人生做好準備，所以因應現在的情況讓教育轉型，勢在必行。

全世界的人重新想像的時候到了

現況如果存在夠久，人們很容易會認為現況是無法改變的。我們一般視為理所當然的體系（政治制度、企業結構、城市設計），都是人創造出來的。我們創造這世界的變化速度和新科技的影響都非比尋常。
這些發展正在改變教育環境，
讓教育轉型，
勢在必行。

些體系來達成某些目的、解決問題，或是促進發展。問題在於，人類已經進步到一個程度，許多體系現在已經不適用或完全過時。好消息是，我們有能力處理這個狀況。我們既然創造了居住的世界，就一定有辦法改造它。

我在第一章曾提到，我們正面臨一個重要的關卡。這是事實。這個時代的挑戰既真實又急迫，而且全是人類製造出來的。要迎接這些挑戰，我們必須發揮創造力，產生更有同理心、更環保永續的觀點，來看待自己想居住的世界和希望過的生活。只是加倍努力承襲過去的做法，是不夠的。我們無法從過去找到需要的答案。我們現在需要的解決方案是，以更堅定的人生目標，培養創造力。首先，我們要對自己的天賦和潛能有更豐富的構想。現在，讓我們從這裡開始。

附注

1. 回想一下這一切發生得有多麼快。iPhone 和其他模仿它的手機在二〇〇七年才上市，iPad 在二〇一〇年才上市，當時在全世界一機難求。
2. 資料來源：https://www.who.int/teams/mental-health-and-substance-use/suicide-data.
3. 資料來源：https://www.mhe-sme.org/young-people-and-mental-health-infographic/.
4. Stein Emil Vollset et al., "Fertility, Migration, and Population Scenarios for 195 Countries and Territories from 2017 to 2100: A Forecasting Analysis for the Global Burden of Disease Study," *The Lancet* 396, no. 10258 (2020): 1285–1306, https://www.thelancet.com/journals/lancet/article/PIIS0140-6736(20)30677-2/fulltext.

03 × 你比你所想的更豐富

智力是多元、動態且高度個人化的。
智力和創造力的關係密不可分，
兩者缺一不可。

孩子天生擁有無限潛力。新生兒看起來或許非常無助，但很快就會發展出人類獨有的能力。如果條件對了，孩子從出生到長大成人會經歷神奇的轉變。他們在身體、認知、情緒和社交等方面，都會不斷成長，而且這些面向是互相關聯的。

人的大腦有八百五十億個神經元。這些神經元就和人類個體一樣，彼此會形成數不清的連結。大腦這個由血肉組成的小型球體，究竟是如何創造出莫扎特的音樂、愛因斯坦的洞察和安傑盧的詩性智慧，以及構成意識的思緒和感覺，依舊是個謎。

以語言爲例，兩、三歲的孩子大多已經開始學說話，家長知道自己無法教孩子怎麼學說話，因爲沒那個時間，孩子也沒那個耐性。嬰兒天生知道，人的語音具有意義，學說話是因爲想學，也因爲自己有能力學。

假如孩子小時候有機會接觸多種語言，就能把所有語言學到某個程度。有些人輕輕鬆鬆就能說四、五種語言，這通常是因爲他們住在多語言的社區，毫不費力就學會了。如果我們在對的時間沉浸在有多種語言的環境裡，多數人都能學會這些語言。但事實上，絕大多數人無法說多種語言，因爲沒這個環境，而不是因爲他們沒這個才能。

有才能和有能力是不同的兩件事，能力是經過淬鍊的才能。每個孩子擁有廣闊無邊的才能，語言是其中一個例子。孩子還擁有許多其他才能，他們會根據環境，將某些才能發展成能力，但還有許多才能不會被發展成能力。人類資源就像天然資源一樣，極其多元，正因爲如此，人類的成就才如此五花八門。人類資源通常潛藏在表象之下，需要有人去發現它。如果有人發現了，還需要經過培養，才能使用。

我們通常太過低估孩子的天生才能。事實上，我們低估了很多才能（或將其視爲理所當然）。

以感官爲例。你有幾種感官？大多數身體健全的人會說有五種：視覺、聽覺、觸覺、味覺和嗅覺。但其實有九種，還有熱覺（感受溫度）、痛覺（感受傷害）、平衡感（感受平衡），以及本體感覺（感受空間定向）。

有才能和有能力是不同的兩件事，
能力是經過淬鍊的才能。
每個孩子擁有廣闊無邊的才能。

這些不是少數人專屬的高層次感受，所有人隨時隨地都需要運用這些感官。我們為何認為自己只有五種感官，卻難以辨識出其他的？因為我們太常聽到別人談及那些感受，以至於不再去想它了。假如我們如同低估感官這般直接低估了某些東西，那麼對於像是智力這種更複雜的才能，我們會如何看待呢？

你若和任何人聊到智力，你們的對話內容通常會轉向學業能力和智商（IQ；智力商數）。「學業」和「智力」這兩個詞經常會被交替使用，雖然學業能力是智力的一個重要範例，卻不涵蓋智力的所有範疇。

學術研究是一種能應用在任何事物的分析方法，它是指聚焦於理論或學術的腦力工作，而非實際或應用性的工作。學術工作一般聚焦於三個領域：命題知識——我們所關注的事實，例如「喬治．華盛頓（George Washington）從一七八九年到一七九七年是美國的總統」；批判性分析——華盛頓在總統任期造成的影響，以及他的領導屬性；桌面研究，主要涉及讀和寫，處理和呈現事實，以及批判性分析。

事實上，所謂的學術性主題並不存在，只有看待事物的學術性方法。重點不在於研究什麼，而在於研究的方式。你可以用學術方法研究任何事物——你不需要舞動軀體和四肢，也能研究舞蹈，你不需要親自創作，也能掌握藝術概念，你不需要拿起試管或穿上實驗服，也能了解化學知識。

另一方面，智商的概念是指我們天生擁有一定程度的智力，能透過紙筆測驗加以估量，得出一個數字。接下來會探討智商的基本假設爲何是錯的。不過，智商是另一個很好的例子，讓我們看見一個很久以前爲了某個特定目的而設立的系統。

我們現在所知道的智力測驗，是二十世紀初由住在巴黎的比奈（Alfred Binet）發明的。那個時候，比奈想找一個方法，來鑑別需要特殊教育資源協助的小學生。他需要一種容易執行而且實際的方法快速做出診斷，而他發明的系統可以有效滿足需要。這套方法後來傳遍全世界，一九一二年德國心理學家斯特恩（William Stern）提議一種計算方式，將心智年齡除以實足年齡，再乘以一百，換算成智力商數。

智商的概念後來被推動優生學運動的人看上，他們以智商爲基礎，建立選擇育種和人口控制的觀念。這些人主張用智力測驗找出智力較低的人，禁止他們生育。這個觀念後來開始流行，美國有一些州通過立法，將他們認爲智商較低的人結紮。此外，優生學也是納粹「最終解決方案」（Die Endlösung）的重要策略。

就和發明印刷機的古騰堡，或是發明 iPhone 的賈伯斯一樣，比奈也不曾預料智力測驗會造成這樣的後果。他絕對沒想到一世紀之後，智商會變成智力的同義詞。那是因爲智商雖然能幫助我們了解智力，卻無法告訴我們智力的全貌。就許多方面而言，它透露的訊息並不多。智力遠比智商豐富多了：它是多元、動態的，而且高度個人化。

智力是多元的

智力是一個與文化息息相關的概念，不同的文化看重智力的不同面向。人們對於智力並沒有一個公認的正式定義。這並非因爲沒有人嘗試這麼做，事實恰好相反，許多心理學家曾投入無數時間研究這個主題。

眞正的原因是，智力涵蓋了多種形式，每個人天生在某些形式的表現比較強，在其他形式的表現比較弱。我們看一下人類的技能和洞察力如何創造各種領域的精采成就，以及這些技能和成就如何以無數種方式交互作用，就能明白。這些智力形式遠遠超出智力測驗的紙筆題目所能涵蓋的範疇。

前後一致、條理清楚的形成和表達想法的能力，也屬於智力的一部分。我們會在很多事情上運用這個能力，包括演說、寫作、音樂、舞蹈、數字、演示、繪畫等，就算不是樣樣都會，每個人至少也會綜合使用其中的幾種。

視覺藝術家把大部分的時間用來形成視覺構想，然後以具體的形式呈現出來，但那並不表示他們沒能力寫出條理清晰的句子。數學家通常運用數字、角度和形狀來理解這個世界，但他們也可能用肢體動作來表達意見。這些是比較極端的例子，但絕大多數的人在日常生活中，會運用多樣方式形成意念，並表達出來。

除此之外，環境和機會也會造成影響。

我提過，若有個孩子在使用多種語言的環境中成長，就能自然學會他接觸的所有語言。同樣的，假如這個孩子在成長過程中只聽過一種語言，那麼將只會說一種語言。這並不表示，這個孩子將來無法學習其他語言，只不過，後來學的不會像第二天性般自然。大多數的情況也是如此。

假如孩子小時候去學跳舞，他們會培養出對於肢體控制、空間感知及肌耐力的敏銳了解。假如孩子小時候沒去學跳舞，他們後來若要培養出上述能力，需要付出更多努力。

因此，雖然所有人每天用不同的方式形成和表達想法，但環境和機會扮演了一個重要的角色，決定我們會更常或更自在樂意使用哪個方式。這使我們進入下一個重點：智力是動態的。

智力是動態的

人類大腦的不同區域與某些特定的功能有關聯，但沒有一個區域是獨立運作，而是必須與其他區域互相呼應。同樣的，我們的意識也不只存在於腦袋裡，大腦必須透過與身體的緊密連結，才能發揮作用。

例如，人類腹部的腸道其實與數百萬個神經元連線。這個「腸腦」（gut brain）透過由神經、荷爾蒙和化學物質形成的錯綜複雜網絡，與大腦溝通，這個網絡不斷提供反饋，告訴大腦我們是不是餓了、我們覺得有壓力還是嗨翻天，或者我們是否吃下了有害的微生物。這個資訊超級高速公路被稱作「腦腸軸」（brain-gut axis），它不斷爲腸道和大腦溝通彼此的最新狀況。

以色列神經學家阿梅迪博士（Amir Amedi）的研究是教導先天失明的人，利用聲音「看」東西。他利用一系列聲音模式、振動、音調和突發噪聲，訓練患者辨識日常生活中的物品。透過這種方法，天生盲眼的人能從桌上的一盆紅蘋果中，挑出

唯一的綠蘋果。

在開發這套方法的過程中，阿梅迪博士以視力正常的人爲對象，進行一連串腦部掃描，來判定視覺和想像力的區別。他先掃描受試者看一顆綠蘋果的影像，然後掃描這個人想像一顆綠蘋果的影像。

實驗結果發現，不同情況下，大腦的不同區域會呈現活躍狀態——當受試者看著一顆眞正的蘋果，某個區域會呈現活躍狀態，當這個人想像一顆蘋果，另一個區域會出現活躍狀態。在本質上，阿梅迪證明了，大腦有某個特定區域專司想像功能。

我們的大腦以動態方式運作，即使是要完成最基本的任務，每個區域還是會和其他區域連動。以說話這個動作爲例：我們在腦海中產生想法，把想法轉換成文字；我們通常會根據談話對象而調整說法，使對方更容易明白我們的意思；我們也會控制說話的音量和語調。我們會一邊走路、一邊講話；我們會使用手勢和各種面部表情，來傳達情緒和意義。然後我們會反芻自己說過的話，等待對方回應。與人對話這種簡單小事，需要大腦協調無數的功能來完成。

其實，大腦的動態運作很像是交響樂團，許多不同且獨立的樂器一同演奏，創造出只有所有團員和諧一致才能奏出的樂章。

智力是高度個人化的

嬰兒並不是白紙，他們來到這個世界時，已經是完備的個體。所有父母都知道，孩子的天生特質出生不久就會顯現出來。若你有兩個或更多子女，我敢說，他們必定是截然不同的個體。你絕對不會搞錯人，對吧？他們或許看起來很像，個性也很像，或許還會讓你覺得他們很像你、或很像你的父母，但孩子是獨一無二的個體。從外貌到個性細微之處，我們是祖先的某些特質的獨特綜合體，但每個生命都是獨一且絕不重複。

每個孩子天生擁有無限才能，但每個人在各個才能上有不同的表現。在孩子培

從外貌到個性細微之處，
我們是祖先的某些特質的獨特綜合體，
但每個生命都是獨一且絕不重複。

養特定能力的過程中，他們的大腦功能也不斷被形塑。過去的人相信，人類天生的智力是固定的，我們無計可施。新生兒出生時的腦細胞會隨著年歲增長不斷死亡和減少，腦細胞的數量只會持續減少、不會增加。但我們現在知道，事實並非如此。大腦是一個活的有機體，它一直不斷變動，具有「可塑性」，而且會隨著人生經驗不斷發展。大腦和肌肉很像，會因應使用情況而發展和改變。

在我們的一生，只要大腦是活躍的，而且受到新任務的刺激，學習就會促使大腦生成新的神經連結和路徑，這是人類適應力的一個要素。因此，智力不僅是多元、動態和高度個人化的，而且會不斷調適。我們天生擁有廣泛的才能，一生中有無數的機會可以發揮它們。

智力和創造力是無限的

將智力狹隘定義為智商或學業能力的觀念，有個基本問題，就是完全忽略了智力和創造力之間的關係。上述觀念將智力和創造力區分成兩種不同的東西，因此也把人分成兩種：有才智的人和有創意的人。我們在學校採用這種區分法，把學科分成「主科」（像是數學、讀寫與科學）和「副科」（像是藝術和人文）。我們在企業界也這麼做，把「創意人」和其他人區分開來。當我們做出這種明顯區分時，產生了幾個關於創造力和智力的迷思，並深信不疑。

其中一個迷思是，只有某部分的人擁有創造力，因此人不是有創造力、就是沒有創造力。然而，如同我們與生俱來的智力並不是有限的，與生俱來的創造力也不是有限的。創造力就和大腦或肌肉一樣，會隨著使用情況而起變化。假如我們忽略了自身的創造性才能，它們就處於休眠狀態。假如我們適當的使用，它們就會不斷成長與發展。

另一個迷思是，創造力只能應用在某些活動上，像是藝術。藝術涉及高度的創造力，這是不爭的事實，但這不表示其他的活動（像是數學、企業經營或是研究大腦）不涉及創造力。

當阿梅迪博士開發他的方法，訓練盲人運用聲音「看見」東西，他動用了所有能力，包括以既有知識爲基礎，產生新的概念，以及分析和設計。我在第一章提到，想像力使我們預見各種可能性，而創造力給我們工具，讓這些可能性成眞，那正是阿梅迪博士所做的事。他想像一個盲人也能看見東西的世界，然後運用他的創造能力，再加上科學專業知識，讓他的想像成眞。

但神經學在傳統上並不被視爲一門創意性的學科，相反的，取得必要的資格進入學校研讀神經學，通常需要展現某些面向並忽略其他面向的智力。

只要是從事需要運用智力的活動，你都可以發揮創造力。這是因爲人類的智力是多元的，所以我們擁有各樣才能，來發揮創造力。此外，這也是因爲智力和創造力的關係密不可分。你若不運用智力採取行動，就無法發揮創造力，而智力的最高形式，是創造性思考。智力和創造力同時存在，也同時一起運作。

我們活在兩個世界裡

我們並非活在一個世界裡，而是兩個。第一個世界是我們周遭的世界，由居住的城市和土地、周遭的人、實際的物體、事件和處境形成的外在世界。第二個世界是你的內在世界，是個人意識形成的世界。

不論你是否存在，外在世界都會一直存在。當你來到這個世界時，它已存在，當你離開時，它依然存在；至少我們希望它還能存在。而你的內在世界只有當你存在時，才隨之存在；就我們所知，它隨著你的出生而形成，隨著你的離去而消失。我們的人生由這兩個世界的不斷互動，交織而成。

水母和殺人鯨或許生活在相同的海域，不過，由於生理構造及對周遭環境的認知不同，使得牠們有截然不同的活動範圍。這個道理同樣適用於人類。假如我們的身高有三百六十五公分，身上有翅膀，而且聽力像狗一樣靈敏，我們的生活會和現在大不相同。但人類的生活不只有物質層面，我們不僅要在有形環境中生活，也需要理解文化環境，還要理解自己的想法、對事物的解讀以及情緒。

剛出生的嬰兒並不像白紙，他們所進入的世界，充滿了一萬個人類世代遺留下來的洞察力、手工藝品和其他的一切。我們繼承了人類知識所累積的豐富寶藏，那是無數人在各個領域、所有文化、歷經所有時代產生的心血結晶。

先天和後天的交互影響，形成了精采多樣的個人天賦、性情和個性。我們對世界的看法，深受內在感覺的影響，而我們的感受往往由自身的知識、知覺和經驗塑造而成。如同作家尼恩（Anais Nin）曾說：「我不是以事物的本質看世界，而是從我的立場看世界。」我們每個人透過自己逐漸形成的觀點，以及自己所做的選擇，創造自己的人生。

孩子天生都擁有無限潛能，能否實現，取決於內在和外在世界是否順利發展，而他們所受的教育的品質，是創造適當條件的基礎。教育應該是那兩個世界的橋梁。我們若要爲所有的孩子把那個橋梁打造得更加穩固，需要先知道我們該怎麼做。

孩子天生都擁有無限潛能，
而他們所受的教育的品質，
是創造適當條件的基礎。

04 教育的盼望

教育必須使學生了解周遭的世界，
以及自己擁有的天賦，
使他們能實現自我，
成爲活躍積極、富同情心的公民。

教育的目的是什麼？人們的答案有很大的差異。這是一個「本質上眾說紛紜的概念」，就和「民主」與「正義」一樣，「教育」一詞對不同的人代表不同的意義。許多因素可能影響人們如何理解教育的目的，包括他們的背景和處境。人們如何看待相關議題，像是種族、性別和社會階級，也會影響他們如何看待教育的目的。然而，大家沒有一致同意的定義，不代表就不能討論這個議題，或採取任何行動，只需要把一些詞彙定義清楚就好。

有幾個詞彙常被混淆或互換使用，像是「學習」、「教育」、「訓練」、「學校」，不過它們其實有一些重要差別。「學習」是獲得新的技能和理解的過程。「教育」是有組織的學習系統。「訓練」是一種聚焦於學習特定技能的教育。「學校」是由學習者組成的社群，一個人們聚在一起共同學習以及向彼此學習的群體。把這些詞彙分辨清楚，是至關重要的事：孩子熱愛「學習」，他們天生會學習新的事物；許多孩子面對「教育」時遇到了一些困難，有些孩子在「學校」遇到了很大的問題。

我們對於義務教育有許多假設。一個假設是，年輕人需要知道、了解和能夠做某些事，因爲假如放任他們自行處理，他們很可能就不知道、不了解以及不會做這些事。這些事是指什麼、以及我們要如何盡力確保學生學會這些東西，是一個複雜而且通常有爭議的議題。我們的另一個假設是，義務教育是爲了將來做準備，像是找到好工作，或是繼續接受更高等的教育。

那麼，受教育對現代人的意義是什麼？我認爲，教育應該擴張我們的意識、才能、敏感度，以及文化認知。它應該擴大我們的世界觀。

我們都活在兩個世界裡（因爲你而存在的內在世界，以及你周遭的世界），因此，教育的主要目的是讓學生有能力了解這兩個世界。在現今的大環境裡，還有一個迫切的新挑戰：提供不同形式的教育，促使年輕人參與關於永續環保的全球性重要經濟議題。

教育的主要目的可以分爲以下四個：

個人

教育應該使年輕人積極投入內在世界和周遭世界。在西方文化中，這兩個世界有一條清楚界線，區分思想與感受、客觀與主觀。這個區別其實是受到誤導的結果。我們在這個世界的經歷，其實與我們的感受有很深的關聯。

前文探討過，每個人的強項和弱項、對未來的展望，以及個性，都是獨一無二的。不是所有學生都有標準的身材體型，每個人的能力和個性也各不相同。每個人有自己的資質和性情，以及理解事物的方式。因此，教育是一件關乎個人的事，它是為活生生的人培育心智和心靈。讓每個孩子樂於接受教育，才能提高孩子的成就。

「世界人權宣言」（Universal Declaration of Human Rights）強調「人人生而自由，在尊嚴和權利上一律平等」以及「教育的目的在於充分發展人的個性並加強對人權和基本自由的尊重」。現行教育體系中有許多最深層的問題，源自忽略了這個基本原則。

教育是一件關乎個人的事，
它是爲活生生的人培育心智和心靈。
讓每個孩子樂於接受教育，
才能提高孩子的成就。

文化

學校應該使學生了解自己的文化，以及尊重各式各樣的其他文化。文化有多種定義，在本文的脈絡中，最恰當的定義是「不同社會族群的價值觀和行為類型」。說得更直白一些，就是「我們這裡做事的方式」。教育是社群把價值觀傳遞給下一代的方式之一。對某些人而言，教育是保護文化不受外來文化影響的方法。對其他人而言，它是提高文化包容性的方法。

隨著這個世界變得愈來愈擁擠、連結愈來愈緊密，文化的複雜性也愈來愈高。包容多元、尊重彼此不只是道德選擇，也是當務之急。

對於文化，學校有三項優先要務：幫助學生了解自己的文化、了解其他的文化，以及提升文化包容和共存的意識。

所有族群的生活會因為肯定自己的文化以及其他文化的做法與傳統，而變得更加精采豐富。

所有族群的生活會因爲肯定自己的文化以及其他文化的做法與傳統，而變得更加精采豐富。

經濟

學校應該使學生為自己負起經濟責任，並學習經濟獨立。這是政府對教育如此用心的原因之一，他們知道，受過教育的勞動力是創造經濟榮景的根本要素。工業革命的領導者也知道，教育是創造他們所需勞動力的一大關鍵。然而，工業革命之後，職場起了根本的變化，而且持續以愈來愈快的速度改變。

我們知道，許多存在了數十年的工作職務正在消失，而且迅速被現代版的工作取代。我們幾乎不可能準確預測科技進展的方向，以及科技將要把我們帶到怎樣的未來世界。

學校要怎麼幫助學生為不斷變動的經濟大環境做好準備？

學校必須幫助學生眞正認識自己的獨特天賦和興趣，打破升學和就業歷程的壁壘分明，以及促進產學合作，使年輕人能在受教育時，就體驗眞實的工作環境，而不是等到畢業後進入勞動市場時，才看見職場的眞實面貌。

社會

教育應該使年輕人成爲活躍積極、富同情心的公民。我們活在環環相扣、息息相關的社會系統裡。我們能從中得到多少益處，取決於是否共同努力維持它。我們必須在「賦權給個人」和「實現集體生活的價值觀與責任（尤其是實踐民主）」之間，取得平衡。民主社會的自由不是必然存在的，自由是數百年來人們反抗獨裁專制，以及反抗煽動教派主義、仇恨和恐懼的奮鬥，所得到的成果。這場奮戰距離結束之日還很遙遠。美國哲學家及教育家杜威（John Dewey）觀察到，「民主必須在每個世代重新誕生，而教育是催生者。」

一個民主社會要正常運作，需要大多數人積極參與民主歷程。在許多民主國家，人民的參與愈來愈少。學校應該努力使學生成爲積極主動的民主參與者。學校的公民課只能觸及表層，要培養對民主堅定深厚的尊重，需要讓年輕人在達到投票年齡之前，在現實生活中體驗民主。

八個核心能力

傳統的學校課表只是把不同科目集合在一起。我們在前一章討論過，人們對智力的了解很有限，而我們根據這個有限的理解，推論這些科目對未來的重要性，將它們排出「優先順序」。

「科目」的概念暗示，每個科目（不論是數學、科學、藝術或語言）與其他科目是斷然分開的。這是有問題的。例如，數學不只是命題知識，它結合了多種知識，包括概念、過程和方法，以及命題知識。科學、藝術和所有其他的科目也是如此。因此，聚焦於學科、而不是科目的概念，會比較眞實。

學科是有彈性的，學科之間可以合併與合作。此外，當我們聚焦於學科而不是科目，就能探索跨學科學習的概念。這是更全面的做法，因爲它更能反映眞實生活——校外活動很少會像傳統課表一樣，所有科目壁壘分明。例如，記者若要撰寫一篇報導，必須動用與人對話、演繹推理、讀寫和社會科學等能力。外科醫生必須透過專業知識了解病人的狀況，同時懂得應用適當的手術技能。至少，當我們被推進手術室時，肯定希望能遇到這樣的醫生。

規劃課表時，學科的概念會讓我們有個更好的起始點。我們要問，學生接受教育後，應該知道哪些東西，以及應該有能力去做哪些事。上述四個目的指出，假如我們妥善把八個核心能力納入教育，它們將可以使學生在畢業之後，有能力迎接一生中必然要面對的個人、文化、經濟和社會的挑戰。這些能力包括好奇心、創造力、評判力、溝通力、合作力、同情心、內心的平靜和公民權。這些能力不是年齡到了就能發展出來的，而是應該從一開始就融入學生的教育旅程，並在受教育的過程中培養出來。

好奇心——提出問題和探索世界運作方式的能力

小嬰兒天生有強烈的好奇心。好奇心使他們從依賴父母滿足日間、夜間所有需求的無助弱小生物，成長爲可獨立行動的幼兒。好奇心也會使幼兒問父母許多他們

答不出來的問題。好奇心是我們在人生的第一年當中，最全面的學習工具。

人類向前跨出的每一步，都出於天生的許多欲望驅動，包括想探索、想知道事物是如何運作、想知道原因，以及敢於「想像一下，假如……」。孩子天生擁有無限的好奇心，當他們產生好奇心時，會自己學習、向彼此學習，以及透過大量其他的資源學習。優秀的老師會培育和引導這個好奇心，刺激孩子產生興趣，支持孩子去探索。

創造力——產生新的想法和付諸實踐的能力

隨著年輕人面臨的挑戰不斷冒出來，幫助他們發展自己獨有的創造力，成了非常重要的事。就和想像力一樣，創造力不是源自大腦某個區域的單一能力，而是一種綜合性能力，源自整個大腦的許多複雜功能。

我們在人生的各個領域都能運用創造力。當我們不斷提高對技能、知識和想法

優秀的老師會培育和引導孩子天生的好奇心，
刺激孩子產生興趣，
支持孩子去探索。

的掌握力，就能培育並精進自己的創造力。要在任何一個領域從事創造性活動，需要對於形塑那個領域的知識、概念和實作，有愈來愈強的掌控力，也要對於該創造性活動所倚賴的傳統和成就，有愈來愈深的了解。

評判力——分析資訊和想法，形成合理的論點和判斷的能力

人類智力有一個特徵，就是根據邏輯考慮論據、並冷靜衡量證據的能力。人類能繁榮發展，一直是倚賴這種批判性思考的能力，而我們現在面臨的挑戰，使得評判力變得更加不可或缺。

現代年輕人受到來自四面八方的資訊轟炸，事實和幻想、可靠的訊息來源和偽裝成點擊誘餌的刻意宣傳之間的界線，變得愈來愈模糊。在大量假訊息中找出事實，已經成爲日常生活中愈來愈困難的事，而我們必須幫助年輕人掌握這個能力。批判性思考應該成爲學校所有學科的核心。

在大量假訊息中找出事實，
已經成爲日常生活中愈來愈困難的事，
而我們必須幫助年輕人掌握這個能力。
批判性思考應該成爲學校所有學科的核心。

溝通力——以不同方式清楚自信的表達想法和感受的能力

溝通不只關乎文字和數字。我們透過各種方法一邊經歷這個世界，一邊思考和溝通。我們透過聲音、畫面和動作，以及所有可能的方式進行思考，像是音樂、詩歌和舞蹈。我們也透過隱喻和類比來思考，我們推理和同理、推測和猜想、想像和創造。掌握讀寫能力和數學知識，是教育界公認的當務之急，理應如此。不過，提倡清楚和有自信的表達，也同樣重要。

語言溝通的重點不只是字面意義，還包括領略隱喻、類比、間接暗示及其他詩歌和文學式的語言形式。能夠形成想法和感受並與人溝通，對於個人的幸福和集體的成就與合作極爲重要。

合作力——以建設性方式與他人共事的能力

人類的冒險活動必須透過複雜的合作形式才能實踐。若欠缺與他人共事的能力，我們就毫無機會克服人類共同面對的挑戰。所幸，人類是社會性動物：我們總是在他人的陪伴下生活和學習。我們在大多數的情況下是如此，但在校園裡卻很少被教導要這麼做。常見的情況是，年輕人在群體中學習，卻不以群體爲單位來學習。以群體爲單位一同工作，爲我們創造解決問題和達成共同目標的機會。學生可以透過截長補短和交流想法，學習化解衝突，以及學習支持經過共同商定的解決方案。

同情心——對他人遭遇感同身受並因此採取行動的能力

同理心是指認同他人的感覺，並想像假如自身遇到類似情況會有什麼感覺。同情心就是實踐同理心。年輕人面對的許多問題，像是霸凌、暴力和偏見，都源自缺乏同情心。在成人世界裡，缺乏同情心也助長了文化衝突和有害的社會分化。隨著這個世界變得愈來愈互相依賴，培養同情心成了道德上和實際上的當務之急。你希望別人怎麼對你，你就怎麼對人，是一種精神上的承諾。發揮同理心是共同人性最眞實的表現，而且能成爲我們和他人幸福的深層源頭。

內心的平靜——與內在感受連結和培養內在和諧平衡的能力

許多年輕人出於各種因素，在學校會感到焦慮和憂鬱。有些原因和學校本身有關，有些是校園外的情況造成的。基於許多原因，學校不該與外界隔絕，而其中一個原因是，學生的私人生活會被帶進校園生活裡，不論他們是否意識到皆然。若沒意識到這一點，再加上過多的功課或考試所累積的壓力，可能導致疏離、憤怒或更糟的情況。

學校若能將校園文化轉型，對每個孩子採取全人取向教育，將能緩和這些負面效應。學校也可以爲學生安排一段時間，教導所需的技巧，讓他們每天練習正念和冥想，探索自己的內在世界。有愈來愈多的學校正在這麼做，而學生和教職員都感受到了好處。

發揮同理心是共同人性最眞實的表現，

而且能成爲我們和他人幸福的深層源頭。

公民權——以正向行動投入社會以及參與社會維繫過程的能力

當公民積極參與社群，並爲自己的行動負責，他們就有能力影響這個世界。學校是培養公民意識的重要搖籃。這代表學校要教育年輕人，幫助他們認識自己的權利和責任，告訴他們社會和政治制度如何運作，教導他們開始關心他人的福祉，爲他們創造表達意見和論點的機會，以及透過教育讓他們體驗實踐民主的眞實過程。童年期並非人生的預演。年輕人正在活出自己的人生，他們會成爲什麼樣的人、在未來會做什麼事，和他們現在所經歷的一切息息相關。成爲公民的能力需要經過練習和持續更新。

現代教育

上述教育的四個目的和八個核心能力，是身爲人類的基本要素。我們期待在所有人身上看見這些面向，包括學生以及在職場和生活中遇見的每個成年人。儘管世

年輕人正在活出自己的人生，
他們會成爲什麼樣的人、
在未來會做什麼事，
和他們現在所經歷的一切息息相關。

界各國普遍承認，我們正在經歷難以忽視的巨大變化，但教育體系基本上卻仍舊根植於過去。解決問題的答案不在於加倍努力延續過去的做法，我們不能再向後看。我們的挑戰並不是改革現行制度，而是要徹底轉型。爲了以有效的方式教養孩子，使他們能在自身承接的世界裡發光發熱，我們必須進行一場教育改革。因此，我們需要重新思考學校的運作之道。

05 × 從工廠到農場

我們用同樣的方式，
不斷消耗人類資源和地球的自然資源。
我們必須立刻解決這兩個問題，
才有未來可言。

體制內教育的傳統做法，常被比喻成工業化的工廠。在這個比喻裡，學生像是商品，透過輸送帶的線性流程生產出來；老師是工廠裡的工人，每個人有自己的責任區；此外，這條生產線上還有一連串的品管檢查。整個流程一成不變、經過預先定義，而且受到嚴密監管。

你不難明白，這個意象爲何普遍被接受——工廠式的大量生產和絕大多數的教育體系有相同的目標，就是創造標準化的最終成品，而他們爲了達成目標所用的方式，也極其相似。

工廠這個比喻凸顯出主流教育界的問題，包含了許多面向。然而，人不是無生命的物品。沒有生命的物品（小至螺絲釘、大至飛機）對於自己被生產出來的方式或遇到的事，不會有任何意見或感覺。但人並不是這樣。人有感覺、動機、關切點、個人處境和天賦。人們很重視自己的遭遇，而他們的遭遇會影響他們成爲什麼樣的人。這個道理適用於孩子、也適用於成人。一般人認爲，人生從十八歲（或是上台領取高中畢業證書之後）才開始，但事實並非如此。早在孩子成爲最終「成品」，被包裝出貨之前，人生就已經開始了。

工業革命激發了前所未見的創新，包括能源、製造、運輸、農業、衛生和醫學等方面。它同時也促成了我們今天所認識的龐大教育體系，並且按照它的形象建立教育體系，以滿足它的需要。工業化教育模式與工業化工廠之間有相似性，是顯而易見的事，事實也的確如此。然而，工業化教育最恰當的比喻不是製造無生命的物品，而是生物的工業化生產。它不是工業化工廠，而是工業化農場。

工業化農牧

工業革命重新定義了什麼是常態。工業革命在製造和科技領域促成的進展，使農業產生了永久的改變。機械化使農民能耕種廣大的土地，生產大量的單一作物。農民開始大規模使用化學肥料，「保護」作物在不自然的環境中，不受自然生態系

早在孩子成爲最終「成品」，
被包裝出貨之前，
人生就已經開始了。

統的「干擾」。此外，化學肥料也破壞了食物鏈，受影響的包括靠作物維生的昆蟲，以及靠種子和昆蟲維生的小動物和鳥類。

工業革命也把類似的做法應用在畜牧業，在自由放牧的地方建立工廠式農場。大量動物開始被圈養在室內，終其一生沒機會接觸外面的世界。就和農作物一樣，工業化生產的動物製品追求的是，以最少的財務成本產生最多的產品。

人類健康和整個地球因此付出巨大的代價，而我們才剛開始要認識這些作為的長期影響。例如，用工業化條件繁殖動物，需要廣泛使用強效抗生素。抗生素在畜牧業有廣泛的用途，包括治療病畜，預防健康的動物生病，以及加速動物生長。[1]

事實上，動物產品部門大約占全球抗生素消耗量的百分之八十，[2]而這些抗生素大多用在健康的動物身上，而非生病的。抗生素濫用是全球抗生素抗藥性上升的一個原因，世界衛生組織把這個現象稱爲「今日全球健康、食安和發展最大的威脅之一」。[3]問題不在於人類產生抗藥性，而是細菌產生抗藥性。當我們被有抗生素抗藥性的細菌感染，並因此生病，就會很難治癒。抗生素抗藥性會使人的病情拖得更久、住院時間拉長，以及死亡率上升。

對抗生素產生抗藥性的細菌不只常在我們吃的肉類中發現，有大量證據顯示，這種細菌也能在工業化農場裡和四周的空氣中發現，還有在河流和溪水中、蒼蠅的背部，甚至運輸牲畜的車輛排放氣體中發現。這代表我們接觸這種細菌的風險愈來愈高。而這原本可以不必發生。[4]

工業化農牧的另一個持久性後果是，這些生產系統提高的產量，導致人類胃口大開，結果使大量的牛、豬、羊和禽類，以不自然的速度不斷被繁殖，以滿足人類的需求。大量繁殖某些物種的做法，導致人類覺得不好吃的數千個物種偶然被消滅了，有些物種是人類刻意撲滅的，大多數是因爲人類自私的生活方式連帶遭殃的。此外，大量繁殖家畜造成了溫室氣體劇增，導致全球氣溫不斷升高。有些專家預估，畜牧業的溫室氣體排放占全球總量百分之三十到五十一。[5]

工業化生產不斷破壞自然棲息地、導致土壤退化，並且使有毒物質污染海洋。我們正在摧毀所有的生物（包括人類）賴以維生的生態系統和至關重要的食物鏈。工業革命的另一個副產品是，大多數的人居住在城市，這使我們忘了自己是大自然的一分子，也忘了唯有大自然是健康的，我們才能擁有健康。

如同我們正在破壞自然資源的多樣性，人類的社會制度也在破壞人類資源的多樣性，尤其是教育體系。這兩者有驚人的相似性。

如同海洋需要仰賴各式各樣的魚類和地球生物，來維持微妙的平衡，人類的生態系統也需要仰賴各式各樣的天賦和能力，來支撐人們極其錯綜複雜的生活方式。然而，如同工業化農牧正透過毫不留情的拖網捕撈和混獲（bycatch：意外捕獲的魚類或其他海洋生物，因爲沒有商業價值而被人類無情的丟棄），使海洋裡的重要生物驟減，我們的教育體系也在毀滅人類天賦的固有多樣性，人們特別看重少數他們視爲「更重要」的技能和科目，同時將其他的天賦棄如敝屣。

如同海洋需要仰賴各式各樣的魚類和地球生物，
來維持微妙的平衡，
人類的生態系統也需要仰賴各式各樣的天賦和能力，
來支撐人們極其錯綜複雜的生活方式。

工業化教育

工業革命需要一種特定類型的教育，來達到特定的結果——分層式勞動力。因此，它所創造的系統也是分層的，預備讓少數學生將來從事行政和專業工作，一部分的學生從商，絕大多數的人從事藍領工作。工業化社會需要的勞工遠比大學畢業生多，因此，這個制度被設計成金字塔型，來滿足這個需求。

儘管比起工業革命時代，二十一世紀的環境已經起了巨大的變化，總的來說，教育體系的結構依然沒變。學生和老師花費大量時間，待在爲了大量生產標準化學生的環境裡，這是一個只聚焦於產出和成品的環境裡。工業化農場看重數量、尺寸大小和成本，更甚於品質、健康和自然生態系統，我們看重測驗成績、出席率和大學錄取率，更甚於健康快樂、創造力和學習。工業化農場利用大量抗生素換得作物和牲畜，我們給孩子吃情緒穩定劑和提升專注力的藥物，來解決他們眞實經歷的焦慮、壓力和心不在焉。

這些做法不會沒有後果。在十五到十九歲的青少年族群中，憂鬱是造成疾病和失能的第四大原因，在十到十四歲的族群中，則排名第十五。[6]這個統計數字是許多複雜的原因造成的，包括創傷、虐待、疾病和貧困。但我們也不要忽略，如果孩子被迫長時間坐著，日復一日，爲了害怕的考試而準備，做提不起勁的作業，只爲了不感興趣的未來目標而努力，那麼他們很可能會坐不住、覺得焦慮、有壓力，或心不在焉。

在工業革命設計的體系當中，教育和絕大多數的其他體系沒有兩樣，都是以服從爲基礎。在教育體系中，服從的問題在於，人從來就不是標準化的生物。挑戰學校裡的服從，不代表倡導反社會行爲。所有的族群都需要全部成員一致同意的行爲約定。挑戰教育體系裡的服從，代表我們質疑人們的制度性傾向，根據單一的能力標準來評斷學生。在這個意義上，服從的替代物是肯定多元性。在我們開始全力稱頌使人類獨一無二、充滿生機的多元性之前，我們依然持續破壞人類資源，如同我們不斷破壞地球的自然資源。假如我們不改變這兩個做法，反撲的力量將會釀成大禍。我們可以從其中一方學習，然後應用在另一方。

再生農業

科學家大多認為，農業的工業化系統無法維持太久。地球的資源有限，無法滿足人類無止境的需索。好消息是，再生農業與野化（rewilding）的運動逐漸受到重視，這些運動的運作方式在本質上和工業化模式有很大的差異。這些運動不再聚焦於標準化，而是看重多樣性。

再生農民非常看重生態系統。他們優先注意、也最重視的是土壤。土壤本身就是一個豐富且充滿生機的生態系統。只要土壤健康了，生命就會無窮盡的蓬勃發展。多種作物緊密相鄰生長在健康的土壤上，可以創造天然的保護機制。然後這些作物會創造環境，讓周遭的昆蟲和野生動物生生不息。再生農民會按照季節，輪流種植不同的作物。同樣的理念也應用在放牧業。自由放牧讓動物可以從環境中得到所需的一切，動物也能供應草原生長所需的一切，進而讓昆蟲順利授粉，水土得到保持，讓土壤保持健康，使生態系統欣欣向榮。

野化是讓生態系統回歸自然的過程，目標是讓生態系統重新能夠自力更生，做法是將大片的土地、森林或海域指定爲保護區，有時也涉及將關鍵物種重新引入生態系統。野化的核心概念是，讓自然界不再受到人類的干預（包括捕獵、伐木或漁撈），讓迫切需要休息的大自然休養生息，進而有機會自我重建。

大自然的確能夠自我重建。自然界最不可思議的一個特性，就是它擁有自我療癒的能力。生命總是會找到出路。以「車諾比事件」（Chernobyl）爲例，它是人類歷史上最慘重的核災，那個城市在事故發生後二十四小時內淨空，從此人跡罕至，然而不到五十年的時間，我們在那片土地再度看見了生機蓬勃的自然生態系統。那個畫面非常震撼——巨大的樹木從殘破的建築物長出來，瀕臨絕種的動物在荒廢的街道上自由奔馳。

還有一些野化的例子，情況沒有那麼嚴重，是人類刻意介入，其中一個最知名的例子，是一九九〇年代在美國黃石國家公園（Yellowstone National Park）重新引入野狼。

大約在一八〇〇年代，野狼因爲農業發展的關係，從自然棲息地消失。從此以後，野鹿開始過度繁殖，侵占公園各地，牠們的過度密集導致大多數的植物遭到蹂躪。野狼重新引入公園之後，將鹿群中體質較差的個體淘汰，並改變鹿群的行爲，使牠們徹底離開公園區。由於不再被野鹿一再啃食，樹木開始長到該有的高度，植物開始開花，莓果結實累累，成爲小型動物的食物，鵰與鷹再度出現，以這些小型動物爲食物。土地變得更健康，河岸得到鞏固。黃石公園再度一片欣欣向榮。

野化對地球的未來之所以非常重要，是因爲人類的工業化系統使自然棲息地和生態系統不斷退化。在某種意義上，我們其實無法「野化」，無法使自然界徹底重新回到伊甸園的狀態。但我們可以重新創造條件，讓地球重獲生機，藉此逆轉我們造成的大部分傷害。

再生農業和野化的做法有一個共同點，就是尊重生態系統。它們創造了讓生命蓬勃發展的條件，然後向後退一步，看著結果發生。這種綜效正是我們的教育體系需要的。

野化教育

當土壤對了，農牧系統就會順利發展，同樣的，當文化對了，人類也會順利成長。一個教育制度之所以成功，不是因為有考試和成果導向的阻礙，而是因為個體受到肯定，天賦的多元性受到重視。當學生實現了自我，並且繼續過著充實的生活，教育制度才算成功。

學校是更廣義的文化生態系統的一部分。優秀的農民會培育植物的自然生態系統，同樣的，優秀的學校會努力與外界的更大社群有更緊密的連結。它們也會在校園裡創造創意性的連結，用跨越年齡、跨越課程、多學科的方式學習。它們不再教出一代又一代一模一樣的孩子，它們鼓勵科學、藝術、科技的綜合學習，同時顧及個人的興趣，以及每個人選擇的獨特路徑。

唯有當我們了解和意識到，教育也是一個活的系統，以及訣竅在於學校本身要鼓勵一種活潑的文化，我們的教育才可能眞正的進步。嫻熟的農夫會專心照顧土壤，創造讓植物成長茁壯的條件，同樣的，優秀的學校會專注於創造讓孩子成長茁壯、發光發熱的條件。那麼，實際上該怎麼做呢？

嫻熟的農夫會專心照顧土壤，
創造讓植物成長茁壯的條件，
同樣的，
優秀的學校會專注於創造讓孩子成長茁壯、
發光發熱的條件。

附注

1. Timothy F. Landers et al., "A Review of Antibiotic Use in Food Animals: Perspective, Policy, and Potential," *Public Health Reports* 127 (January– February 2012): 4–22, https://www.ncbi.nlm.nih.gov/pmc/articles/PMC3234384/pdf/phr12700004.pdf.
2. Christian Lindmeier, "Stop Using Antibiotics in Healthy Animals to Prevent the Spread of Antibiotic Resistance," World Health Organization, November 7, 2017, https://www.who.int/news/item/07-11-2017-stop-using-antibiotics-in-healthy-animals-to-prevent-the-spread-of-antibiotic-resistance.
3. 抗生素抗藥性會自然發生，但人類和動物的抗生素濫用加速了這個過程。抗生素抗藥性在世界各地已經飆高到危險的程度。World Health Organization fact sheet, "Antibiotic Resistance," WHO, July 31, 2020, https://www.who.int/news-room/fact-sheets/detail/antibiotic-resistance.
4. 查平（Chapin）等人在二〇〇五年的研究發現，室內養豬場的空氣樣本中的細菌，有百分之九十八至少對兩種經常用在養豬業的抗生素有抗藥性。"Airborne Multidrug-Resistant Bacteria Isolated from a Concentrated

Swine Feeding Operation," *Environmental Health Perspectives* 113, no. 2 (2005): 137– 42, https://ehp.niehs.nih.gov/doi/10.1289/ehp.7473. 葛拉漢（Graham）等人在二〇〇八年的研究針對運送家禽的車輛離開後的空氣和物體表面進行檢測，結果發現，比起一般車輛，這些車輛顯然夾帶更多對抗生素產生抗藥性的細菌。https://journals.sagepub.com/doi/pdf/10.1177/003335491212700103.

5. Jeff McMahon, "Why Agriculture's Greenhouse Gas Emissions Are Almost Always Underestimated," *Forbes*, December 2, 2019, https://www.forbes.com/sites/jeffmcmahon/2019/12/02/5-reasons-agricultures-greenhouse-gas-emissions-are-usually-underestimated/?sh=7b75fbd66ac8.

6. World Health Organization fact sheet, "Adolescent Mental Health," WHO, September 28, 2020, https://www.who.int/news-room/fact-sheets/detail/adolescent-mental-health.

06 × 創造奇蹟

我們的責任是創造對的條件，
讓生命和學習能豐富精采。
當我們做到了，就會發現自始至終，
我們一直在創造奇蹟。

系統是一套可產生綜合效果、互相關聯的流程。系統的類型有很多，從簡單到複雜的都有。

例如，槓桿是一個簡單的系統——它是一根直直的桿子再加上一個支點。當你在長力臂這頭施力，可以在短力臂那頭形成更大的力量。複雜的系統由多個爲了一同合作而設計的簡單系統組合而成，像是電腦、烤箱，或是機械吊車。

然而，植物、動物和人類這類有生命的系統不僅複雜，而且繁複。活的有機體由許多系統構成，這些系統看似完全分開，但事實上緊密相關，所有的系統互相依賴，使整個有機體保持健康。植物的根如果受損，就無法綻放花朵。有生命的系統也需要依賴健康的環境，來維持自身的健康：挺立了數百年的大樹，可能會因爲突如其來的乾旱期、或是特別強勁的風而乾枯死亡。

儘管如此，有生命的系統擁有適應和成長的能力，它和實體環境的關係是動態的。例如，生長在濃密樹蔭底下的小樹會互相合作，它們的根會和土裡的眞菌形成菌根，為鄰近的樹提供養分。這個現象被稱作「樹維網」（wood wide web），這個樹維網的樞紐樹（hub tree）能把養分從一棵樹輸送到另一棵樹，為無法照到陽光的樹木創造一條生命線。

教育是一個繁複且有適應力的活潑系統，系統裡含有多個子系統，這些子系統會彼此互動，讓整個系統能正常運作。

構成整個系統的「簡單」系統，包括各個學校和部門、社會服務、學生諮商和心理輔導、醫療照護，以及考試和測驗機構。此外，還有許多利益團體，包括學生、家長、教育者、雇主、職業和商業組織、出版社、測驗機構，以及政治人物。透過活生生的人採取眞實的行動，教育才得以存在。

因此，教育需要不斷因應科技、政治環境和全球性事件的演變，進行調適和改變。由於教育有調適性、也是活潑的，所以它是能夠變動的；由於教育所面臨的環境和條件已經起了劇烈的變化，它也必須跟著改變。

學習者組成的社群

生態系統是另一個有適應力的繁複系統，它是「彼此互動的有機體與它的實體環境，所形成的生物社群」。雖然在傳統上，生態系統指的是自然界（例如珊瑚礁和雨林），學校其實也是一個生態系統。每一所學校是一個活的社群，人們藉由關係、經歷和感受產生互動。

學校裡面的許多不同系統，包括入學註冊、工務、業務發展、管理者或家長教師協會、學生代表和教務單位，都需要依賴彼此的正常運作，才能讓整個學校蓬勃發展。如果有精心規劃的課程和課表，但校舍殘破倒塌，學習體驗也會受影響。相反的，如果有美輪美奐的校園和一流的設施，但霸凌文化橫行，那麼這個環境依然是有害的。

學校也是廣義的文化生態系統的一部分。學校無法與真實生活裡的動盪隔絕，而是在各方各面與周遭的世界交織在一起。尤其是，學校構成了廣義的教育體系，並直接受其影響。

假如教育體系的優先要務是高風險評鑑[1]，學校自然也要承擔這種做法的風險。假如廣義的體系將學生視爲數據點，那麼學生也有可能用這種方式看待自己。假如樹木的根生病了，這棵樹也難以成長茁壯。假如政治環境特別著重某些方向，例如測驗結果和大學錄取率，那麼個別學校將難以找到資源從事其他的活動。

那麼，我們要如何修正不再適得其用的系統？首先，我們可以用第三章的定義（由學習者組成的社群，一個人們聚在一起共同學習以及向彼此學習的群體），來檢視各個學校。這涵蓋了任何一種學習社群，包括私立、公立、義務、自願、在家自學或非學校教育。

使學校成為蓬勃的生態系統

有遠見的環保人士都知道，使自然界恢復健康最好的方式，就是創造必要條件，讓生態系統蓬勃發展。只要人類不干預，地球就有辦法讓生命生生不息，地球的預設立場是創造生機。

糟糕的保育做法恰好相反：他們忽略生物多樣性，大大小小的事都有規定，從草要長多高，到每一株植物要種在哪裡，到哪些物種可以靠近保育區，和這些物種可以靠近保育區的頻率。最後得到的結果表面上看起來或許很美，但靠近仔細看會發現，它是大自然的粗糙複製品。這些保育區看重的是結果，而不是過程。

教育改革運動也很相似。改革運動忽略人類天賦本來的多元性，對學校教育的大小事都有規定，從閱讀書單到教室座位規劃，到課程安排。最後得到的結果表面上看起來或許很美，但靠近仔細看會發現，它是學習的粗糙複製品。改革運動過度看重結果，在意的是測驗成績和畢業率，而不是過程。

孩子的預設立場是學習。假如學生沒有在學習，就不算是接受教育。因此，學校存在的主要目的，是創造讓學習發生的最佳條件。爲了達到這個目的，我們必須專注於創造對的條件，讓生態系統蓬勃發展，使學校內部活潑生動。一個生態系統若要生氣蓬勃，關鍵在於多樣性。所幸，學校裡蘊藏了豐富的多樣性。那麼，生氣蓬勃的學校生態系統長什麼樣子？

看重老師

老師和學生的關係是教育的核心。學校和廣義的教育體系犯了一個很嚴重的錯誤，就是不看重老師。

世上的主要教育體系中，有一些沒給予老師足夠的訓練和合理的薪資，也不夠重視老師的價值。他們把老師定位成提供服務的人，職責是「達標」，彷彿老師是在爲「使命必達」的快遞公司工作。這些體制對老師進行微觀管理，有時甚至根據學生的表現來決定老師的去留：學生過關，老師才能跟著過關。但自始至終，老師的意見和專長總是被刻意忽視。

學校存在的主要目的，
是創造讓學習發生的最佳條件。
我們必須專注於創造對的條件，
讓生態系統蓬勃發展，
使學校內部活潑生動。

另一方面，生氣蓬勃的教育體系非常重視老師是否受到完整訓練、是否有教學熱忱和得到相當的報酬。他們相信老師會善盡其責，並且尊重老師的專業。

教學是一門藝術。優秀的老師會使用包羅萬象的教學法，從直接給予指導，到鷹架式教學。他們也和所有的專業工作者一樣，會根據個別情況，發揮他們的判斷力和鑑別力來決定要運用哪一種方法。有效的教學是一個不斷調整、判斷和回應的過程。老師會扮演許多角色，並透過熱忱啓發學生；他們幫助學生得到必要的技能和知識，成爲有自信且獨立的學習者；使學生有能力自己調查、提出問題，以及發展出原創思考的能力和傾向。

一個健康的學校生態系統會授權給老師、鼓勵老師，並幫助他們成長與發展。

跨學科課程

我們在第四章提到，要採取學科、而非科目的概念。以科目來排課表有一個問有效的教學是一個不斷調整、判斷和回應的過程。

幫助學生成爲有自信且獨立的學習者。

題，它暗示我們只用學習主題來定義各個領域的課程。

例如，有個普遍的假設是，科學和藝術教育是完全相反的東西。人們假設科學只關乎眞理、客觀性和不容懷疑的事實；反過來說，藝術只關乎感覺、創意和主觀性。在現實世界裡，藝術和科學有各式各樣的跨界合作。所有推動科學進展的偉大新發現，都仰賴跳躍式的想像力，再加上精巧設計的實作實驗；而藝術是一種嚴謹的實踐形式，需要動用嫻熟的技巧和批判性判斷力。

採取學科、而非科目的概念，開啓了跨學科合作的互動，使課程的所有面向「異花授粉」，這其實更能反映眞實世界的情況。校園之外的學科領域是會變動的，是彈性靈活的探究領域。學校裡也應當如此。

混齡教學

我們根據各方面的研究發現，每個孩子的思考方式、行爲和學習都不相同。雖然大多數的孩子會在相近的時間點達成一些里程碑，像是學會走路、說話或是進入青春期，但是假如你有孩子，就會知道每個孩子有自己的發展軌跡。每個孩子學習各種事物的速度不同，某個孩子或許很早就掌握了閱讀能力，但掌握大肌肉運動技巧的速度可能比別人慢。另一個孩子或許輕輕鬆鬆就能理解科學概念，但他的溝通技巧需要更多的協助。

在傳統的學校裡，孩子按照年齡接受教育，把七歲和九歲的孩子分開各歸爲一個群體。從管理的觀點來看，這個區分法很有道理。從工業化優先順序的觀點來看，也是如此。然而，當我們檢視孩子眞實學到的東西和學習的方式時會發現，分齡學習其實不怎麼有道理。

如果我們讓不同年齡的孩子一同學習，可以按照他們的能力發展階段、而不是實足年齡來分成不同群體。年紀大一點的學生相對比較成熟，他們可以幫助年紀小一點的，並得到教學相長的益處。讓不同年齡的孩子一起學習，每個人的經驗、知

識和能力都會得到增長，同時讓孩子有機會互相幫助，培養同理心、責任感和耐心。

以這種方式打破年齡的界線，也能創造機會讓老師向學生學習，這對師生都有好處。這個做法若能眞正落實，學生會覺得自己得到授權和尊重，而老師也可以從他們沒有想過的觀點學習。

個人化學習

學習是強迫不來的，它是一種非常個人化的行為，必須量身打造，才有最好的成效。有人認爲，爲每個學生量身打造的教育是不可能的事，因爲太花錢、也不可行，老師不可能有時間和精力照顧到每個學生。關於這個說法，有兩個答案。

第一，我們沒有其他的路可走，教育本來就是個人的事。至於花費，個人化學習是一種投資、不是成本。學生無心學習的成本其實非常高——勒戒治療計畫、重新學習計畫和另類教育計畫要靠很多預算來維持。這些計畫絕大多數倚賴個人化的做法，讓年輕人重新接受教育。如果所有年輕人的教育從一開始就量身打造，就不會有那麼多學生在學校無心學習。

第二，為每個學生量身打造學習方法其實是可行的，尤其是當我們發揮創意使用新科技。我們理所當然的認為，生活中大多數的事物可以量身打造（從車子、飲食到手機），但基於某些原因，我們卻認為教育是例外。規定要學校如何量身打造學習方式，看似違反直覺，因為每個學校有其獨特的處境、資源和教職人員狀況需要考慮。

個人化的方法有很多種，但有一個共同點，那就是根據每個孩子的學習方法，以及每個孩子需要學到什麼才能形成完整的個體，來打造教育內容。

個人化教育意味我們承認智力是多元且多面向的，也意味要讓學生自由發展個人的興趣和長處。它同時代表我們要根據每個學生的學習速度調整課表，以及根據每個人的進度和成就，採用不同的評量形式，接下來就談談這個部分。

個人化教育意味我們承認智力是多元且多面向的，
也意味要讓學生自由發展個人的興趣和長處。

有彈性的課表

課表存在的目的是讓學習順利進行。課表的設計不應該讓老師和學生每堂課換地方上課、一整天在不同的教室跑來跑去，而是應該迎合每個活動的需求和要求。

假如有一家公司要求所有員工每四十分鐘就要停下正在做的事，到另一個地方開始做完全無關的另外一件事，這家公司可能很快就會倒閉。當你從這個角度來看，就會發現絕大多數的學校都讓師生遵循這個奇怪的固定行程，這其實很荒謬。期望師生一聽到鐘聲響起就停下正在做的事，然後到另一個教室去，不但是很奇怪的概念，也違反學習原理。

把一天的時間用這種方式切割得支離破碎，這是另一個只有從行政管理觀點來看才覺得合理、從其他觀點會覺得不合理的例子。不同的活動需要的時間長度不同，分組專案可能需要連續幾個小時不被打斷的時間來進行；個人的寫作練習可能用多次較短的時段比較合適。如果課表有彈性、又能符合個別情況，就比較能形成健康的生態系統所需要仰賴的靈活課程，達到眞正的學習。

從正確的角度看待評量

在教育領域，評量是一個有爭議性的主題，但同時是這個生態系統不可或缺的要素。基本上，評量是對學生的學習進展和成就做出判斷的一個流程，包括兩個部分：描述和評量。

假如你說，某個人能在泳池來回游十趟，這是對那個人能做的事的中性描述。假如你說，他是當地最厲害的泳者，這是一種評量。

評量是拿個體的表現與他人做比較，並根據特定標準給予評價。

評量有幾個角色：**診斷**，幫助老師了解學生的資質和發展水平；**形成**，蒐集關於學生的成果和活動的資訊，以協助學生進步；**總結**，在課程結束時，對學生的整體表現做出判斷。

這個概念似乎很簡單，但評量之所以有爭議，是因爲它已經變成標準化和高風險測驗的同義詞。許多政府和教育生態系統裡的一些組織，已經忘了評量的目的是什麼。評量被用在大量有害的用途上，從國際競賽、到決定孩子一生，到決定老師的去留。

在現實中，評量的方法有許多形式，從非正式的課堂評價，到正式的作業和大學入學考試。評量可能會用到不同形式的證明，包括出席率、作品集、書面報告和透過其他媒介的作業。作品集可以詳細呈現學生完成的作品，提供範例以及自己與他人深思後的評語。進行同儕團體評量時，學生可以爲彼此的學習成果提供評價。完善的教育生態系統會綜合使用這些方法，確保學生以適當的速度不斷進步。

人們所犯的一個很大的錯誤，就是把評量視爲教育中唯一重要的事。評量是整個教育流程中很重要的部分，應該自然融入平常的教學和學習過程中。它應該是學校日常文化中的一部分，發揮支持學習的角色。

了解遊戲的重要性

遊戲是學習和理解世界最自然的方式，對各個年齡層的人都是如此，尤其是孩子。遊戲的重要性已經獲得所有文化的肯定，並得到廣泛研究、同儕審查和贊同，然而，遊戲在學校裡往往遭到輕視、甚至是斥責。值得注意的一點是，我們不斷降低孩子的入學年齡（從幼兒園提前到幼幼班），同時不斷加添結構式課外活動和超量的功課，有愈來愈多孩子錯過人生發展過程中這個非常關鍵的部分。

孩子天生擁有超強的學習能力。只要大人不干涉，他們會探索各種選項並做出選擇，那是我們不能、也不該為他們做的決定。

遊戲不僅是學習的基礎，也是孩子自然表達學習的方式，同時也是培養好奇心和想像力的重要途徑。對於遊戲，學校最有效果的行動，就是站到旁邊看著它發生。孩子不需要別人教他怎麼玩，也不需要過度監督或安排，他們單純只需要空間和自由，盡情去做天生最擅長的事。

遊戲不僅是學習的基礎，
也是孩子自然表達學習的方式，
同時也是培養好奇心和想像力的重要途徑。

與社群形成有意義的連結

好的學校會持續用創新的方式，與外界的廣大社群連結。學校並不是孤島，而是整個社群的學習樞紐。學校所在的城市和周邊區域，可以為學校提供豐富的資源和經驗。孩子學到的一切大多屬於文化層面：他們全面吸收和理解社群的生活方式。參與當地社群對所有人都有益，學生有機會在真實世界裡學習，接觸社群的內容和體驗，使他們認識自己的身分和家鄉；外界的廣大社群有助於激發下一個活躍公民世代的參與。

此外，與家庭和其他支持系統連結，可以幫助學校更了解學生。尤其是，鼓勵家長和照顧者的參與，是許多學校忽略或逃避的一項重要資源。學校普遍面對的許多重大挑戰，像是霸凌或管教問題，可以在教室裡被發現，但它的源頭在校園之外。與家庭和社群發展出更緊密的關係，是了解和解決這些議題的最佳方法之一。健康的學校生態系統要對於學校和學生所處的更廣大的生態系統，有清楚的覺察。

打造適合學習的實體環境

學校會受實體環境的形塑。只要一踏進校門，你就能察覺一所學校的文化。有些學校給人一種沒有人情味、冷冰冰的感覺，有些則朝氣蓬勃。實體環境不只是表象，它會影響人的心情、動機和整個校園的活力。

我們現在比以前更了解實體環境如何影響學習。教室內有幾盞燈，以及氣溫和空氣品質，都會決定一個環境能否增進學習成效。課桌椅也很重要，要求孩子和年輕人長時間坐在硬邦邦的椅子上，會讓他們難以保持專注。然而，學校往往要求學生坐好不動，而且不能抱怨。假如學生能舒服的坐在椅子上，會比較能專心上課，如果他們可以有多種選擇，像是坐在座位或地上、或是站著，就更容易投入學習。

我們是活生生的人，陽光和新鮮空氣能使我們活得更有朝氣；善用戶外活動體驗，是創造生氣蓬勃的校園環境很重要的一環。不同的活動需要搭配不同類型的空間以及氛圍。

我們是活生生的人，
陽光和新鮮空氣能使我們活得更有朝氣；
善用戶外活動體驗，
是創造生氣蓬勃的校園環境很重要的一環。

重視參與者的聲音

基於某些原因，我們刻意剝奪了最大的人口族群（孩子和年輕人）的聲音。孩子和年輕人並不是沒有意見，他們也不是教育的副產品，他們是學校運作的關鍵，他們是學校存在的理由。讓他們參與切身相關事務的決策過程，不該是什麼革命性的概念。

健康的學校生態系統需要倚賴對個體的尊重、對群體的需求感同身受，積極參與整個社群，追求共同的目標和福祉。這應該是每一所學校最重視的價值觀。

創造發生奇蹟的條件

地球上的所有生命都是奇蹟。我們成爲什麼樣的人以及我們如何發展（一個人從完全依賴父母才能活下去的小嬰兒，長成一個有自己想法的獨立個體），是一個奇蹟。但用奇蹟來描述它，似乎暗示這個情況相當稀有，久久才發生一次。

就和自然界一樣，在人類社群裡，奇蹟每天都在發生，而且是我們擁有精采人生的基本要素。身為教育者，我們的責任是創造必要的條件，讓成長、發展和學習自然發生。當我們做對了，就會發現自始至終，我們一直在創造奇蹟，而且說實話，那也是我們唯一能做的事。

創造必要的條件，
讓成長、發展和學習自然發生。
當我們做對了，
就會發現自始至終，
我們一直在創造奇蹟。

附注

1. 譯注：High-Stakes Assessment，是指對應試者有重要影響的測驗，例如，決定學生能否升級或畢業，以及做為獎懲的依據。

07 只有一次機會

我們對未來最大的盼望在於，
對人的才能產生新的理解，
以迎接人類的新時代。

達賴喇嘛曾說，能夠出生在這世上，是一個奇蹟——他說的沒錯。從古至今，有一千億人曾經在地球上出生和死亡。現在請你花點時間想一下，你是怎麼成爲這其中的一分子。

你能夠出生，全由歷代祖先錯綜複雜的相遇交織而成。要經過多少人的相識和結婚生子，才有你父母的相遇？接下來，你的父母在人生中經歷了哪些事，最後才有你的誕生？當你考慮到所有的偶遇、機緣巧合、環境、阻礙、戰爭與其他改變世界的事件，你會發現，你能誕生在這世上的機率微乎其微。有好幾個人估算過這個機率值，其中一個數字是四百兆之一，另一個數字是大約 $10^{2,685,000}$ 之一。[1]不論何者，形勢對你都非常不利。但你依然出生了。

你是綿延不斷的族譜中的一條線。你的體內有所有祖先留下的生物記憶，這些記憶影響了你的種族、外貌、生理構成、資質和個性。當然，你不是父母或祖先的複製品，你是獨一無二的個體，是多種個人特質形成的絕無僅有的組合。

對於自己的出生，我們沒有掌控權——父母是誰、遺傳了哪些基因，以及在哪裡出生。我們成爲怎樣的人，由性格和所處環境的交互影響所形成。當社群創造共同的想法、價値觀和行爲模式，就形成了社群的文化。我們每個人都會被自己的文化以及這個文化的世界觀所影響。生於貧困或富裕的環境、生於承平或戰爭時期，以及有沒有機會接受教育，會影響你成爲什麼樣的人。

終其一生，你會遇到無數或大或小的機會。你把握和放棄的機會，會影響你人生樂章的抑揚頓挫。簡言之，從家族血脈、到天生資質和個性、到你所處的環境，對你來說，你的人生是獨一無二的。

過去已無法改變，未來卻尚未成定局。這是基於人類天生的本性，也基於我們到目前爲止討論過的所有因素——大腦多方面的運作方式，尤其是想像力和創造力的驚人力量。你看世界的方式以及如何看待自己的定位，你接受和拒絕的機會，你看見的可能性和做的選擇，你透過這種種一切創造自己的人生。

你看世界的方式以及如何看待自己的定位，
你接受和拒絕的機會，
你看見的可能性和做的選擇，
你透過這種種一切創造自己的人生。

人生是有機發展的；很少人能回顧一生並說，他正確的預料了自己此生的路徑。有些人或許正在做他們認爲自己會做的事，但沒人能預見所有細節：職業、人生伴侶、家庭或子女。這是因爲人生既非線性發展、也無法預測。它是你在你的興趣和個性、處境與機會之間，不斷即興創作的結果。

人生也是無限的。你無法預測人生的峰迴路轉，但有一件事你可以完全確定：這條路必然會有終點。有人曾說，當你看到某人墓碑上的生卒年月日，最重要的部分是中間那條橫線：這個人在出生和死亡之間，做了哪些事？

人類資源的危機

西方文化逃避死亡，我們逃避的不是死亡這件事，而是逃避承認它遲早會來——談論它，深思死亡眞正的意義。結果導致有太多人覺得死亡不會發生在自己或所愛的人身上。他們忍耐度日，熬過週間，等待週末到來。隨著生命的流逝，他們愈來愈覺得，自己已經失去了得到快樂和實現自我的機會。他們傾向於相信，人的才能隨著年紀漸長逐漸消退，錯過的機會一去不再來。我們在學校、職場、社群散播這個觀點，廣告和流行文化當然也不例外。

西方主流世界觀的基礎，不是看見綜效和連結，而是做出區分和看見差異。這導致我們將身體和心智、人類與大自然做出清楚的切割。這或許可以解釋，為何人們普遍不了解，我們吃的食物如何直接影響我們的生理運作，以及大量生產商品如何直接影響地球的健康。

人們因為營養不均衡而生病的比率不斷上升，是人類資源危機的一個例子。我們在第二章討論的憂鬱、焦慮和輕生的高比率是另一些例子。人類系統失效的例子隨處可見，無心於工作的人、對接受教育沒興趣的學生，以及使用抗憂鬱劑、酒精和改變情緒藥物的人，比率都在不斷上升當中。

另一方面，也有一些人對於自己所做的事和自己所過的生活充滿熱情。他們與人連結、與環境同調，並且感到充實。當然，沒有哪個人的一生從頭到尾都是完美無瑕的，但這些人盡情擁抱人生。一部分的原因是，他們找到了自己眞正熱愛的事物——他們適得其所。

過著充滿熱情和意義的人生

我寫的《讓天賦自由》和《發現天賦之旅》深入探討了適得其所的概念，不過，當中的一些重點以及這個概念爲何如此重要，値得我們花一點時間討論一下。

當我們喜歡做的事和擅長做的事是相同的，就是適得其所。那也是天生資質和個人熱情交會之處。擅長做某件事很重要，但光是這樣還不夠——有許多人很擅長做他們不喜歡的事。要適得其所，你必須熱愛你的天賦。這包括兩個重點和兩個條件，兩個重點是資質和熱情，兩個條件是態度和機會。過程通常是這樣：我懂了；我熱愛它；我想得到它；它在哪裡？

沒有哪個人的一生從頭到尾都是完美無瑕的，
但這些人盡情擁抱人生，
因爲他們找到了自己眞正熱愛的事物。

發現自己的天賦對每個人如此重要的理由有兩個。

第一個理由關乎**個人**：人生很短，而且只有一次機會能活出淋漓盡致的人生。找到你喜歡做的事，你才能夠了解自己是誰、以及你能用自己的一生做些什麼。

第二個理由關乎**經濟**：由於世界不斷變動，我們的社群和機構組織的未來要如何因應，需要仰賴我們的多元天賦和資質。世界變化的速度愈來愈快，我們對未來最大的盼望在於，發展人類才能的新典範，來迎接人類的新時代。

發現自己的天賦，是創造令人心滿意足的人生的最佳保證。它也能讓全體人類有更高的成功機率，在充滿不確定性的未來，一同順利通過各種挑戰。適得其所對於我們如何經營學校、企業、社群和機構，有很大的影響。它的主要原則建立在，從更廣義、有機的觀點，看待人類的成長和發展，這些觀念我們在前面的章節曾經討論過。我們需要有系統的改變我們培養天賦的方式，並且有系統的了解天賦在不同的人身上如何展現出來。

在第二章，我們看到人類所創造的世界現在變成了什麼模樣。在人類歷史大部分的時期，我們的祖先可以大概知道他們的未來是什麼樣子，而且通常也知道子孫的未來會是什麼模樣。

到了現代，我們在這短短的一生，就能看見新科技一次又一次的改變我們所感知的現實世界的屬性和發展路徑。我們之所以知道這一點，是因爲這個情況已經發生了。我們的祖先完全無法想像智慧型手機的發明，而現代人完全無法想像沒有智慧型手機的日子。手機只是一個例子。其他的例子還包括無線網路、電動車、視訊通話和社交媒體等等。我們若要爲未來做準備，只有一個方法，那就是竭盡所能提高自己的靈活性和生產力。

我們唯一可以確定的是，未來將會和現在大不相同，而且現在的變化速度一定比不上未來的變化速度。因此，假如我們要正面迎接未來，就必須對於人類資源有截然不同的看法，對於如何發展人類資源，也要有非常不同的想法。假如我們要竭盡全力讓自己和他人淋漓盡致的發揮才能，就必須對人類的才能有更寬廣的認知。

一個地球

了解影響人類成長的動態要素，是讓人類文化延續到未來很重要的一環，了解和保護我們賴以生存的自然生態系統，是另一個當務之急。

長久以來，人類一直將大自然視爲取之不盡、用之不竭的資源庫，以爲這個物質世界會永遠繁榮下去。我們採礦、伐木、漁撈和侵占自然界。我們以草率的行爲對待自然資源，對它爲所欲爲，現在，我們已經來到了危機關頭。

自一九五〇年代以來，人類進入所謂的「大加速」（Great Acceleration）時期，人類活動對地球的地質和生態系統的影響，持續大幅上升。我們的行爲正在以嚇人的速度超出地球的負荷能力，地球已經無力滿足我們的需求。

地球上所有生命之間的精細平衡，倚賴一個按照制衡原則運作的系統來維持。

自然界靠著捕食者和被食者之間的微妙關係，得以維持下去。自然界有它自己的一套法則。

在非洲坦尚尼亞的塞倫蓋提國家公園（Serengeti National Park），每一種捕食者有超過一百種被食者可以吃，[2] 那是因爲捕食非常耗費體力，而且通常徒勞無功。其他的生物則發展出複雜成熟的技巧，避免成爲其他動物的晚餐，例如，章魚能僞裝成水母的樣子，蟾蜍會在皮膚表面分泌毒液。不過這些方法並非萬無一失，所以捕食和被食的循環會一直進行下去。

問題在於，人類這種捕食者已經徹底消除了所有風險。當然，如果和獅子或老虎一對一搏鬥，我們毫無勝算，但人類發展出一種生活方式，使我們不再有天敵。我們有解毒劑、有殺蟲劑，甚至在動物的棲息地，消滅會妨礙我們進行休閒娛樂活動的捕食者，例如，假如有不長眼的鯊魚稍微靠近有人類活動的海灘，就會遭殃。結果是，我們隨心所欲的活在地球上，肆無忌憚的破壞它。除非我們開始負起責任，包括在群體和個人層面的責任，否則後果將不堪設想。

當我們說到拯救地球，其實是指拯救我們自己的性命。如同我們先前探討的，只要人類不干涉，大自然一定能自己找到活路。反過來說，人類在地球上的一席之地，並不像我們所想的那麼穩當。我們就和其他生物一樣，在某些條件下能生存，在其他條件下會衰亡。大部分的時候，我們指的是心理健康，但現在，這個原則也開始適用於人類的存亡。假如地球持續升溫，假如二氧化碳、一氧化二氮和甲烷值持續上升，假如海洋持續酸化……我們就會創造出人類以及大多數生物無法存活下去的條件。

我們正在危急關頭，但爲時不晚。人類命運的終局還沒有完全寫出來。我們必須在集體和個人層面採取某些行動。除了地球以外，我們沒有其他的地方可以居住。就我們所知，地球是我們唯一的家，這個情況可能會維持很久很久。

英國自然歷史學家艾登堡（David Attenborough）評論道：「我們能有今天的進

我們正在危急關頭，
但爲時不晚。
人類命運的終局還沒有完全寫出來。
我們必須在集體和個人層面採取某些行動。

展，因爲我們是地球上最聰明的生物。但假如我們想繼續存活下去，我們不只需要智力，還需要智慧。」

看得更遠一些

自然界和人類資源的危機是相關聯的。據說，研發小兒痲痺疫苗的沙克（Jonas Salk）曾說：「如果所有昆蟲從地球上消失，五十年之內其他的生物也會消失。但如果人類從地球上消失，五十年之內其他生物會一片欣欣向榮。」換句話說，人類現在已經成爲問題的源頭。

強大的想像能力讓人類創造出影響深遠的成就，它確確實實的改變了地球的面貌，但是同時也把我們帶到懸崖邊緣。假如我們想存活下去，就需要使出人類所有的強大潛能。

到目前爲止，我們看得很遠，我們看著月球，然後登上月球。但我們看得還不夠遠，只想到人類自己，範圍太狹隘，而對於我們行動的後果想得太少。

要善用我們還在這個脆弱且遭到肆虐的地球上的時間，我們唯一的希望是透過不同的目標架構，開發想像和創造的力量。我們只有一次機會。

附注

1. Mel Robbins, "How to Stop Screwing Yourself Over," TEDx San Francisco, June 2011, www.ted.com/talks/mel_robbins_how_to_stop_screwing_yourself_over/transcript?language=en, and Dina Spector, "The Odds of You Being Alive Are Incredibly Small," *Insider*, June 11, 2012, www.businessinsider.com/infographic-the-odds-of-being-alive-2012-6.
2. David Attenborough, *A Life on Our Planet*, 2020.

08 × 成爲變革者

搖滾樂不是政府帶頭創造出來的。
革命等不了立法，
它會從人們在底層所做的事冒出來。

你在這個世界上是個什麼樣的人，由你所做的事來定義，也由你的想法來定義。電影《窈窕淑女》（*My Fair Lady*）的女主角伊萊莎（Eliza Doolittle）要求：「愛不是用說的，表現給我看。」就是這個意思。當印度聖雄甘地宣告：「若我們能改變自己，世界趨勢也會跟著改變。」（這句話通常被簡化為：「成為你希望看到的改變。」）他也是這個意思。

你可以一天到晚天馬行空的想像，而一事無成；創造力可以把想像變成具體的東西。同樣的，你可以一心想使世界變得更好，卻沒有在實際上改變什麼。改變世界要靠行動，而且從你開始。

到目前為止，本書討論了數十萬年來人類發揮創造力和想像力所得到的成果，以及這些成果如何使我們來到此時此地，這個與未來交會的十字路口。我們可以繼續走在現在的道路上，不改變方向。若是如此，我們將會發現自己遲早會走投無路。假如我們選擇另一個方向，假如我們改變路徑，則會找到一條長遠而且繁榮興盛的

你在這個世界上是個什麼樣的人，
由你所做的事來定義，
也由你的想法來定義。

道路，把我們帶到難以想像的地方。對我們來說，選擇後者極其重要。那麼，我們該做些什麼呢？

搖滾樂不是政府帶頭創造出來的

歷史上偉大的革命都是從底層開始。美國獨立革命的先驅沒有坐著等英國給他們自由，而是自己採取行動爭取。法國大革命的反叛者並不寄望國王產生民主概念，他們以「自由、平等、博愛」的旗幟，透過有形和無形的方式點燃了全國的革命之火。幸好，我們現在號召的改革不像上述兩種革命，需要拋頭顱、灑熱血。

最近的一個例子是同性婚姻合法化，這是個長久以來人們難以想像的選項，並且遭到政府和宗教團體的強烈打壓。爲跨性別者（LGBTQ+）爭取權利的抗爭，距離取得勝利還很遙遠，同性婚姻在全球大多數的國家已經合法化，包括愛爾蘭這種有深厚宗教淵源的國家，以及美國這種有強烈政治意識的國家，因爲人們勇於起身爭取自己的權益。

假如革命不是政府帶動的，它是怎麼起頭的？美國開國元勛富蘭克林提出一個精闢見解，他認為世界上有三種人：**不改變的人**、**可改變的人**，以及**做出改變的人**。

有些人不覺得有改變的必要，不論你跟他們講什麼道理，都聽不進去，所以不需要試著改變他們。這些人就像溪流裡的大石頭，任憑變革的水流從身邊流過。時代潮流站在改變的這一方，它會把這種人拋在後面、繼續向前。

可改變的人或許是自己看見變革的必要性，或是經人指點之後，納悶自己怎麼沒有早一點想到。不論是哪一種，他們都願意學習和採取行動，當他們認同變革之後，就會成為有力的盟友。

最後一種是做出改變的人，這些變革促進者可以看見不一樣的未來，並決意要透過自己的行動以及與他人合作，來實現那個未來。他們不需要別人的允許或是等待別人下令，就會自己採取行動。等到有夠多的人採取行動，就變成一個運動。假如這個運動累積了足夠的能量，就會形成一場革命。美國人類學家米德（Margaret Mead）曾說：「絕對不要懷疑，一小群有想法、有決心的公民能夠改變這個世界；事實一直都是如此。」

我們所需要的這場革命，呼籲全世界重新設定社會體系。它需要我們對人類的能力有更開闊的新看法，擁抱人類多元天賦的豐富性。它建立在一些信念上，包括個人的價值、自決權、人類改變的潛力，以及公民責任和尊重他人的重要性。

你就是體系

如果你和教育有任何關聯，學校裡發生的事會直接影響到你，因爲教育會影響世世代代的年輕人，而年輕人是未來的主人翁。事實上，大多數的人都和教育有關聯，不論你是學生、家長、老師、政策制定者、政治人物，或是教育體系外的人，像是企業經營者或專業人士。你有三種方式可以創造變革：**在體系內推動**、**向體系**

提出強烈要求，或是**在體系外行動**。

從內部改變──老師、校長和政策制定者

每一所學校裡都存在變革的機會。學校現在用某些方式做事，通常只是因為過去這麼做，但其實有許多習慣並非明文規定。要思考如何改變教育，最好的起點就是你現在的位置。

如果你是老師，對學生來說，你就是體系。如果你是校長，對社群來說，你就是體系。如果你是政策制定者，對於你監管範圍裡的學校來說，你就是體系。如果你為和自己共事的人改變他們的教育體驗，對這些人來說，你已經改變了體系。你的行動使你成為更廣闊、更複雜的整體教育變革流程的一部分。

教育必須從底層開始改革。改革不會因為委員會的密室會議、或是政治人物的演說而發生。教育是學校裡的學習者和老師之間發生的事。因此，創造變革就像是

一個各盡其責的生態系統：

老師

老師的角色是幫助學生學習。如果你是老師，你會知道這不只是一份工作或是職業：它是一項天職，恰如其分的說，它可以成爲一門藝術。

優秀的老師不只了解自己教的學科，也了解自己的學生，並且會運用專長回應學生的活力和參與。他們不只是指導者，也是導師和嚮導，能提高學生的自信心、幫助學生找到方向，並使這些孩子相信自己的能力。若要以老師的身分，每天一點一點的影響學生，最好的方法就是致力將這些價值觀融入日常教學中。

校長

身爲校長，你的角色是在學校裡創造環境，讓老師能實踐他們的角色。一所卓

優秀的老師能提高學生的自信心、
幫助學生找到方向，
並使這些孩子相信自己的能力。

越的學校必須要有一個有抱負的領導者，他的心中有願景，對於什麼是學習者能夠順利學習、也想要學習的環境，有深刻的了解。

優秀校長的主要工作不是提升測驗成績，而是打造一個參與者有相同使命感的社群。有遠見的校長知道，相較於這些使命，學校教育的既有常規只是次要的。

政策制定者

政策制定者的角色是創造條件，讓校長和學校能實踐自己的角色。老師和校長應該爲自己的學生和所屬社群創造成長的條件，同樣的，你的角色是爲責任範圍內的學校和社群網絡創造類似的條件。

文化是一套許可原則，告訴人們什麼是可以接受、什麼是不可以接受的行爲。身爲政策制定者，你可以在所有的層級支持變革，促成變革發生——允許學校爲了開創新格局，打破舊習慣。

從內部改變——孩子、年輕人和家長

從願景到變革的路徑，並不是一直線。和創造性過程很像，變革是根據經驗和處境，採取行動、即興發揮、評估和重新定位，如此不斷循環的過程。然而，假如你在體系內，但不像上述那些人握有掌控權，你要如何創造變革？

孩子與年輕人

孩子，整個教育體系是爲了你而設計的。或許你不是經常有這種感覺，不過，假如教育是老師和學生之間發生的事，那麼你就占了其中的百分之五十。以教育體系裡所有相關的人來說，我們往往從上而下壓抑了年輕人的聲音。但你擁有的力量其實比你所知道的更多。

比起過去的世代，你這個世代的人彼此之間有更緊密的連結。你誕生於數位時代，因此把所有的科技進展視爲理所當然，就像魚離不開水一樣。但你必須承擔的風險也最高：假如什麼也不改變，你要比過去的世代更努力工作，賺到的錢卻更少，而且要付出更高的生活成本。你被迫要以過高的資歷，去應徵入門級的工作。

但你這個世代已經開始用行動展現，你們有熱情、有決心，而且意志堅定，從反槍枝遊行「March For Our Lives」、爲氣候變遷罷課「School Strike 4 Climate」，到「黑人的命也是命」運動（Black Lives Matters）。對於教育，了解你的權利是至關重要的事。聯合國「兒童權利公約」（Rights of the Child）第二十九條提到，教育的目標是「使兒童之人格、才能以及精神、身體之潛能獲得最大程度之發展」。你不該接受達不到這個標準的條件。

家長

我在二〇一八年出版了《讓孩子飛》。寫這本書是爲了回應廣大家長的要求，他們非常關切孩子所受的教育，並想知道自己能做些什麼。

家長能做的事很多。教學和學習是一種關係，這個關係中很重要的環節，是身爲家長的你和學校的互動。如果你認爲，孩子教育的所有責任並不完全在學校和老師身上，那麼孩子在學校比較可能會有好的表現。

首先，你可以和孩子的老師建立健康的關係。這不意味你要質疑老師的每個判斷或決定，相反的，你要成爲老師的盟友。老師可以看見你的孩子在某些情況下的表現，但他們不知道關於孩子的每件事。你可以幫助老師了解他們不知道的部分，反之同理。

你也可以加入家長教師協會，主動參與和了解學校文化，你甚至可以更進一步加入學校的董事會。你可以請求學校改變。你要選擇用何種參與，取決於你的個人處境。期待每位家長有足夠的時間和資源全力參與學校事務，是不切實際的想法，或許對你的家庭來說也不是最好的選擇。

在這個情況下，你能給孩子最大的幫助是，協助孩子用自己獨一無二的方式發展，同時爲他們創造機會，找到自己的天賦和最熱中的興趣。就根本來說，你是孩子最重要的擁護者：你對教育體系的信任，不可高過你對孩子的信任，也不可高過你對家長本能的信任。

從外部改變

許多從事其他職業的人也能與老師配合，把他們的精力、熱忱和專長帶進教育界。把眞實的世界帶進教室，可以大大幫助學生找到他們原本可能不知道的新路徑和新選項。即使你不是直接從事教育工作，你的聲音依然是改革的關鍵要素。那麼，從企業的角色或個人的身分，你能做些什麼？

企業

在現今的競爭環境中，因應變化而創新和調適的能力，是組織保持領先的必要

你能給孩子最大的幫助是，
協助孩子用自己獨一無二的方式發展，
同時為他們創造機會，
找到自己的天賦和最熱中的興趣。

條件。組織若落入窠臼，就可能錯失改變的浪潮，而這股浪潮會帶著更有創新能力的企業前進。沒有一個組織能保證自己永遠屹立不搖——組織是人創造的，若要存活下去，就需要不斷重新得到活力。

爲了要有彈性和調適力，企業必須創造條件，讓每位員工與自己的創造能力連結。認爲某些角色需要發揮創造力，其他的角色則不需要，是個很大的錯誤。要成爲一個有創造力的領導者，需要在三個領域扮演策略性角色：協助組織的所有成員發揮他們的創造能力；鞏固和促成靈活的創意團隊；全面推廣創新文化。假如你不是從零開始，假如你未來的員工在受教育的過程中，有機會全面了解自己，這個任務會比較容易辦到。

除了在公司裡創造文化，與學校和其他組織形成緊密的連結，也是生態系統中很重要的一環。企業可以提供有薪實習的機會，讓年輕人能夠在眞實世界中學習。

在過去，許多企業會利用實習生，來免費完成枯燥乏味或沒有人想做的工作。

家長是孩子最重要的擁護者：
你對教育體系的信任，
不可高過你對孩子的信任，
也不可高過你對家長本能的信任。

但實習的眞正目的，是讓年輕人有機會探索不同的職業路徑，體驗職場裡的眞實情況。對你的公司而言，提供實習機會不僅能找到新的人才，爲公司注入年輕人的活力，藉此獲益，同時讓你盡一己之力，培養未來的員工，他們將來也會成爲你的公司成功的關鍵。

實習機會不只是爲了年輕人而設立。一輩子只做一份工作的時代已經過去，因此，爲所有年齡層的人創造實習機會，讓他們有機會了解你的公司與文化，才是明智之舉。實習計畫最重要的一點，是提供薪資——能夠把時間和精力投入無薪工作的人並不多。如果企業只提供無薪實習機會，能網羅的人才就會受到限制。讓更多人有機會參與，實習的效果就愈好。

個人

假如上述類別都不適用於你的情況，你還是有許多機會可以加入改革的行列。

一個方法是透過分享資源和散播訊息，來發出你的聲音。很多人告訴我們，當他們發現問題不是出在他們或孩子的身上，而是體制，他們有一種如釋重負的感覺。如果你能分享本書的主要訊息，就是在爲別人提供一線生機。另一個方法是，假如你還不知道自己的天賦是什麼，那麼就要投入必要的時間和精力，去發現你的天賦。

我們談到了好幾個重要的觀念：對於人類智力有更寬廣的認定；肯定天賦的多元性，這是人類如此獨特的原因；每個人（包括你在內）找到自己眞心熱愛的事。當你發現了自己的天賦所在，或是你已經知道自己的天賦是什麼，那麼你就可以成爲一位導師。

導師扮演了一個重要的角色，那就是幫助人們找到自己的熱情所在，鼓勵他們發展興趣，敦促他們把自己的能力發揮得淋漓盡致。沒有導師的人，這條路會走得比較辛苦。人生最有價值的事，就是竭盡全力按著熱情和使命來活這一生，同時鼓勵別人也這麼做。

一同改變我們的習慣

要進行我們需要的改革，需要從根本改變社會的運作方式。我們的文化所鼓勵的有害行爲，過去被我們視爲理所當然，現在，我們需要醒悟過來，並且對於自己的行爲有更多的思考。要做到這一點，我們對於地球的未來，就再也不能採取被動的立場。

若要停止全球暖化的進程，我們必須改變和自然資源有關的許多做法，而這些改變幾乎都在呼籲我們相同的事：我們必須大幅減少溫室氣體排放、不再過度使用化學肥料、不再以農牧和漁撈耗盡土地和海洋的資源、以乾淨能源取代石化燃料，我們也必須改變飲食習慣。

前述事項當中，有一件事掌握在我們每個人的手中，那就是改變飲食習慣，少吃魚類和動物製品，但這也是最有爭議性的議題。

有很多人說：「我很願意看那部影片或那本書，但我知道看了之後，我就必須改變習慣，而我不確定自己想不想改變現在的習慣。」這種人的數目多得嚇人。只要好人不做任何事，邪惡就贏了，這句話一點也不假。我們再也不能繼續抱持這種鴕鳥心態了。假如我們選擇少吃一點肉類，就能讓更多畜牧用地轉爲野化，而種植作物對環境的影響比較小。假如我們選擇少吃一點魚，就能讓海洋有更大的範圍成爲禁捕區。

要所有地方的人完全不吃肉類或魚類，是不切實際的想法，因爲許多人對於文化和宗教傳統有根深柢固的想法。對某些地方的人來說，肉類和魚類是他們的主食，也是重要的經濟商品。

不過，居住在大都市的人有很多選擇，我們可以透過刻意選擇替代食物，負起促進永續平衡的責任。

假如我們要爲自己和後代子孫創造更美好的未來，就必須積極採取行動，保護地球上的環境，這樣才能期待美好的未來。

成為變革者

革命性的變化正在這個世界發生。就和大多數的革命一樣，這場革命醞釀了很久，而且正在加快步伐。我們知道，有哪些教育改革是行得通的；世界各地有許多學校和計畫每天都在進行這些改革。有成效的教育永遠是在傳統與創新、嚴格規範與自由、個人與群體、內在與外在世界之間找到平衡點。當我們在兩極擺盪之際，我們的任務是找到平衡的狀態，這是當務之急。

革命不只是由驅動革命的理念來定義，也由影響的範圍來定義。這場革命背後的理念已經存在了很久，不過能量開始愈來愈強——這場革命已經開始了。我們創造了自己居住的世界，我們也能重新創造它。這需要勇氣和想像力，而這兩者我們天生就擁有，而且是源源不絕。

我們創造了自己居住的世界，
我們也能重新創造它。
這需要勇氣和想像力，
而這兩者我們天生就擁有。

09 想像一下，假如……

「我們必須學習明白，這個地球上的生物，不只有人類，
而做爲一個人，不是只顧自己的利益。
我們的未來會如何，完全取決於我們是否將這一點牢記於心。」[1]

——二〇一八年，肯．羅賓森爵士

人類與生俱來的所有能力當中，想像力是最被我們輕看的能力。我們把它視為幼稚的行為，覺得愈早擺脫愈好，假如無法徹底根除，至少要嚴加控制。我們說別人「想像力過動」，藉此來批評或貶損人。「腳踏實地」和「務實」讓我們引以為豪，彷彿缺乏想像力代表值得信賴和可靠。然而，人類不可思議的想像力除了是人類與其他生物最大的不同之處，它也使我們現在的生活方式成為可能。

想像力把我們從洞穴帶到城市，用科學取代迷信。它支撐我們生活的所有面向，從你坐的椅子、到你桌上的筆、到你喜愛的音樂。室內管路系統、中央空調系統和現代醫學，以及貝多芬的〈第五號交響曲〉、畫家芙烈達．卡蘿（Frida Kahlo）的〈西瓜〉（*Watermelons*）、芭蕾舞編舞家麥克米蘭（Kenneth MacMillan）的〈曼儂〉（*Manon*）和美國職籃明星柯比．布萊恩（Kobe Bryant）的後仰跳投，在在說明想像力如何讓人類的體驗不斷提升。

人類所有的偉大進步都是從一句簡短的「想像一下，假如……」開始。這幾個字蘊含了無限的可能，它激發了無數想法，改變了這個世界。這種型態的想像力需要質疑現況，然後設計替代選項。它是人類文化不斷進步的原因，但也是人類文化衰亡的原因。從羅馬帝國的殞落到大英帝國的衰敗，歷史一再告訴我們，沒有任何一個文明、企業或個人是堅不可摧的。

我們可以在人類的歷史看見，想像力把我們帶到令人驚奇的高點、也把我們帶到毀滅性的低點。要安然度過現今這個動盪的時代，想像力是我們唯一的盼望。我們現在面臨的挑戰巨大而複雜；若要克服這些挑戰，必須發揮更多的創造力，絕不是壓抑創造力。氣候變遷危機是我們漠視大自然的結果。要解決這個問題，我們必須更積極投入參與、而不是退卻旁觀。要處理人類文化的存亡問題，我們必須訴諸更多的人性。

「想像一下，假如……」的美妙之處在於，它是開放式的句子。它的作用是刺激挑逗、而非命令規範，而且可以不斷的靈活調整。想像一下，假如……我們能隨

——要安然度過現今這個動盪的時代，
想像力是我們唯一的盼望。

心所欲的使用火。想像一下，假如……你能從地球的一端飛到另一端。想像一下，假如……我們能登上月球。想像一下，假如……兩個人不論是什麼性別都能結婚。想像一下，假如……我們看重舞蹈，如同我們看重數學。想像一下，假如……我們能找到治癒癌症的方法。想像一下，假如……我們重新創造被我們視爲理所當然的體系，使它能激勵每個人蓬勃發展。想像一下，假如……

沒有哪個人有能力解決世上的所有問題。我們面對的問題太多、太複雜、也太頑強，不是靠一個人的力量可以解決的。然而，若沒有滿腔熱情的個人基於同情心投入行動，我們不可能跨越人類共同的障礙。任何一個運動都是從個人開始的，當這些個體集結起來，世界就會改變。美國作家勒瑰恩曾說過很有魄力的一句話：「人類的所有權勢都能被人類抵抗和改變。」

我們迫切需要進行的變革，根植於每個人活出不斷演進和充實人生的權利，也根植於培養公民責任感和尊重他人的態度。這些變革旨在促進人類尊嚴、平等和公平。這些變革對於改善人們目前的生活品質，以及展現我們希望在未來居住的世界，至關重要。這些原則一直都很重要，但改變的需求已經變得前所未有的急迫。這不只關乎個人的生命，也關乎人類文明的品格。它關乎創造一個屬於所有人的未來。

附注

1. Sir Ken Robinson, from his contribution to *Genius:100 Visions of the Future*, published in 2018 by the Genius 100 Foundation.

致謝

本書的核心概念經過了數十年的發展和演進。畢竟，它是我父親畢生志業的累積。當然，很重要的一點是，當本書提案起草、簽署合約時，我們完全沒料到爸爸會無法親手拿著這本書。儘管如此，我必須先做兩點說明。

第一點，一定有一些爸爸希望感謝、而且絕對值得致謝的人，在此處被遺漏了。若你是其中之一，請相信這絕非有意之舉，只是單純因爲爸爸不在的緣故。

第二點，有許多人在我和家人（失去爸爸）最難熬的時候，在一旁支持我們。這些人的關心讓我們破碎的心能繼續跳動，雖然他們的心也碎了，而他們完全值得我們眞心的感謝和致意。還有一些人積極參與爸爸這些年來的工作，並做出貢獻，他們也值得我們誠心的感謝和致意。

我恐怕無法在此一一列舉所有的人，因爲致謝的篇幅有可能會超出本書內容。爸爸擁有無比精采的人生和不朽的事業，這些內容足以用一本專書來記錄，將來我若能寫這樣一本書，屆時必定會列出一份更完整的致謝名單。因此，我現在只聚焦於參與本書製作過程的人。

提出上述兩點說明之後，希望我們所有人已有共識，以下是我想感謝的人。

首先，也是最重要的，我要感謝爸爸。不只因爲他爲本書起了頭，也因爲他把這本書託付給我，並相信我能稱職的完成它。

我也要向企鵝維京（Penguin Viking）出版社的團隊表達同樣的感謝之情，謝謝他們在整個過程中展現的耐心、體諒、愛心和支持：我的第一位編輯莎凡（Victoria Savanh），謝謝你讓寫書這件事變得不那麼可怕，也謝謝你與我來來回回的討論，以及用恰如其分的反饋提升了我的每份初稿；還有在莎凡離開後、無縫接軌編輯本書的史密德（Gretchen Schmid），謝謝你引導我走過生產和設計的最後階段，讓這本書順利出版。

英國企鵝出版社（Penguin UK）的葛雷伍德（Josephine Greywoode）屢屢展現她的善意和體貼，同時慷慨與我分享她的專業知識。我衷心感謝全球雄獅智慧財產管理公司（Global Lion Management）的薩拉比安（Charlie Sarabian），謝謝你成為彼得．米勒（Peter Miller）的真心好友，以及隨時回答我提出的無數問題。

布里頓（Sophie Britton）已經是出書作家，卻來擔任我們的編輯助理，在我鼓起勇氣把初稿交給出版社之前，先讀過我的每份初稿，她的反饋和忠告拯救了我，無比寶貴。我也要感謝她在我寫作期間不安排任何事務，當我自行安插會議卻無法出席時（可能只有我會這樣做），耐心的重新為我安排會議時間。

有兩個人我需要特別提及，因為他們讓我的頭腦保持清楚，並確保我按時吃飯。

他們讀過我的每份初稿和編輯版、改寫版的稿子，並且在我失去信心時，鼓舞我繼續前進：我美麗的媽媽泰瑞絲（Therese），她成爲爸爸的分身，指引我方向。她和爸爸一起工作了四十四年，有她的陪伴，就像是有了爸爸的同在，儘管滿懷悲傷，她依然日復一日的出現在我的生活中，給我幫助。

還有我的丈夫安東尼（Anthony），在過去幾個月，他一直是支撐著我的磐石。他不時爲我泡茶，在我遇到寫作瓶頸或是困難的概念時，陪我散步，同時讓我們的事業蒸蒸日上。當我心不在焉或累到不想說話時，他從來不抱怨，當我無暇照顧女兒時，他把一切給了女兒，使她不曾察覺有任何異樣。

我還要感謝女兒艾德琳（Adeline）和我的繼子查理（Charlie）。當我埋首寫書時，艾德琳剛滿三歲。謝謝這兩個小人兒帶給我無數的歡笑和滿滿的愛。

感謝我的公公羅賓（Robin）和婆婆珍娜（Janet），在我趕稿時陪兩個孩子玩，做「阿公蛋糕」給他們吃。

在本書的創作過程中，有一群人付出了大量的時間和精力，並給我忠告和支持，我非常感謝他們每一個人：阿梅迪（Amir Amedi）、巴拉克利希納（Kanya Balakrishna）、巴庫斯（Graham Barkus）、貝洛斯（Jeff Bezos）、畢羅斯（China Bialos）、布魯蒙索（Heston Blumenthal）、布萊德菲爾德（Damian Bradfield）、坎普（Zoe Camp）、柯利斯（Alexa Collis）、庫伯（Jackie Cooper）、迪藍尼（May Delaney）、戴納史密斯（Ted Dinersmith）、艾普斯坦（Julie Epstein）、哈濟斯（Helen Hatzis）、霍恩（Goldie Hawn）、赫德納（Drew Herdener）、赫茲（Ken Hertz）、海因斯（Michael Hynes）、克雷曼（Rami Kleinmann）、雷伊（Megan Leigh）、萊波涅米（Lasse Leponiemi）、曼吉諾（Andrew Mangino）、蒙比亞特（George Monbiot）、波克（Jon Polk）、羅賓遜（James Robinson）、沙伯格（Pasi Sahlberg）、史密特（Tim Smit）、泰弗勒（Simon Taffler）、沃麥克（Rachel Womack），以及我們優秀的 Patreon 社群。

懷念彼得・米勒（一九四八～二〇二一）

人稱「文藝雄獅」（Literary Lion）的彼得・米勒擔任爸爸的經紀人長達十五年，他經手的作品包括《讓天賦自由》、《發現天賦之旅》、《讓天賦發光》、《讓孩子飛》、每一次改版的《讓創意自由》，以及這本《重新想像教育的未來》。他把書賣到全球三十個國家，他熱愛工作和客戶。

爸爸過世後，彼得把這份熱忱和承諾轉移到我身上，成了我最重要的支持者之一。若沒有他的支持，我不可能寫出這本書，這個說法一點也不為過。事實上，這本書原本是他的點子——他想將爸爸的核心理念做成一個精簡宣言。我們難以相信他無法親眼見到這本書出版。但他讀過了最終的書稿，也知道這本書終於完成，這一點讓我感到非常安慰。彼得不只是我們的經紀人，他已經成了我們的家人。我何其有幸能夠認識他，並且在寫書過程中，從他的智慧和專長受益。受他影響的人，以及因為他對作者的信心而出版的著作，都是他遺留給這個世界的寶藏。

心理勵志 BBP 472

重新想像教育的未來

世界的教育部長肯・羅賓森最後演講 對教育、環保、文化的深刻洞見

Imagine If...: Creating a Future for Us All

作者 — 肯・羅賓森（Sir Ken Robinson, PhD）
凱特・羅賓森（Kate Robinson）
譯者 — 廖建容

總編輯 — 吳佩穎
人文館總監 — 楊郁慧
責任編輯 — 許景理（特約）、楊郁慧
美術設計 — 張議文
內頁排版 — 薛美惠（特約）

出版者 — 遠見天下文化出版股份有限公司
創辦人 — 高希均、王力行
遠見・天下文化 事業群董事長 — 高希均
事業群發行人／CEO — 王力行
天下文化社長 — 林天來
天下文化總經理 — 林芳燕
國際事務開發部兼版權中心總監 — 潘欣
法律顧問 — 理律法律事務所陳長文律師
著作權顧問 — 魏啟翔律師
社址 — 台北市 104 松江路 93 巷 1 號
讀者服務專線 — (02) 2662-0012 ｜傳真 — (02) 2662-0007；(02) 2662-0009
電子郵件信箱 — cwpc@cwgv.com.tw
直接郵撥帳號 — 1326703-6 號　遠見天下文化出版股份有限公司

製版廠 — 中原造像股份有限公司
印刷廠 — 中原造像股份有限公司
裝訂廠 — 中原造像股份有限公司
登記證 — 局版台業字第 2517 號
總經銷 — 大和書報圖書股份有限公司 電話／ (02) 8990-2588
出版日期 — 2022 年 6 月 30 日第一版第 1 次印行

定價 — NT 400 元
ISBN — 978-986-525-598-5
EISBN — 9789865256036 (PDF)；9789865256111 (EPUB)
書號 — BBP 472
天下文化官網 — bookzone.cwgv.com.tw

國家圖書館出版品預行編目（CIP）資料

重新想像教育的未來 / 肯・羅賓森 (Ken Robinson), 凱特・羅賓森 (Kate Robinson) 著．廖建容譯．-- 第一版．-- 台北市：遠見天下文化出版股份有限公司，2022.06
面；　公分．--（心理勵志；BBP472）
ISBN 978-986-525-598-5（平裝）

1.CST: 教育改革 2.CST: 創造力
3.CST: 創造性思考

520　　111005724